ATLAS DU MONDE GLOBAL
Pascal Boniface Hubert Védrine

最新 | 世界情勢地図

国際関係戦略研究所(IRIS)所長 **パスカル・ボニファス**

元フランス外務大臣 **ユベール・ヴェドリーヌ**

松永りえ／加賀通恵=訳

適切かつ質の高い地図を製作してくださった
ジャン＝ピエール・マニエ氏に感謝します。

パスカル・ボニファス
ユベール・ヴェドリーヌ

Pascal BONIFACE et Hubert VEDRINE :
"ATLAS DU MONDE GLOBAL"
Cartographie : Jean-Pierre MAGNIER
© Armand Colin Publisher, Fayard, 2nd., 2010
This book is published in Japan by arrangement with
ARMAND COLIN
through le Bureau des Copyrights Français, Tokyo.

はじめに Préface

　冷戦終了後、私たちはグローバル化が進む非常に複雑な世界に生きている。この世界を解き明かす鍵を提供するとともに、この世界に存在する危険や可能性を提示することが、2008年に本書初版を出したときの私たちの野心だった。本改訂版を出版するにあたり、野心はさらに強いものとなっている。なぜなら世界は変化し、人口は増加しているからだ。

　提供する情報と説明の量は多過ぎないこと。そして、読者をうんざりさせたり、混乱させたり、不安にさせたりせずに、注意を喚起すること。以上が、本書の80種類の地図とそれにともなうテキストを作っていく上で、いつも肝に銘じていたことだった。

　約半世紀に及んだ冷戦期には、その現実があることを誰もが認めていた。それとは対照的に、二極体制が終焉を迎えて18年経つというのに、いまだに世界の現状について一致した解釈が見られない。

　普遍的で同じ価値観を分かち合う「国際的な共同体」はすでにできあがっているのだろうか？　それとも価値体系や宗教の違いから、今もなお世界は分断されているばかりか、敵対さえもしているのだろうか？　私たちの背後には力の対立が存在しているのだろうか？　あるいは対立が、地政学的な理由、すなわちエネルギー確保や環境問題、宗教問題などが理由でこれまで以上にひどい形で引き起こされているのだろうか？

　著者は、読者が自分自身の見解を持つことができるように、さまざまなテーマを提示したいと考えてきた。また、よくありがちな欧米中心主義やヨーロッパ中心主義に満足したくなかった。そうした視点は現に世界で起きている激動を認識する妨げになるからだ。

　たとえ、世界的に相互依存が高まっている現実があるにせよ、それぞれの国家や国民は独自の世界観を持っている。そしてその世界観は、それぞれ固有の歴史によって形作られたものであり、当然のように国の中核となっている。さらにはその世界観は、危機や脅威、チャンス、野心そして恐怖によって形成されるものなのだ。

　そこで著者は、さまざまな視点から例をあげることにした。当然それらは、どれ一つとして一致していない。それともまだ、今の時点で一致していないだけなのだろうか？

　この『世界情勢地図』は4部構成となっている。

1) **過去における大きな転換点**　9つの地図と5つの「時空を旅するテキスト」によって構成された極めて大局的なものとなっており、本書に歴史的な奥行きを与えている。

2) **世界についてのさまざまな解釈**　逆にいえば、全員が一致するような解釈は存在しないのだ。

3) **データから見る世界**（人口、経済、エネルギー、戦略など）

4) **各国から見た世界**　著者としては、この第4部こそが最も重要だと考えている。私たちの目には当然のように映る視点（フランスやヨーロッパから見た世界）だけにとどまらず、他の国々から見た世界も紹介しようとしているからだ。

　これらのデータやさまざまに交錯するものの見方から、この世界の共通点や一貫性が浮き彫りになる。しかし同様に極めて大きな矛盾や敵対も（それが明白であれ潜在的であれ）現れ出てくる。要するにこの本には、向こう数十年間の世界が、あるときははっきりと、あるときはぼんやりと、描き出されているのだ。その世界の到来に備えるために、まずそれを理解できるようになるのは、あなたたち、いや私たち全員にかかっている。

パスカル・ボニファス
ユベール・ヴェドリーヌ

日本語版に寄せて　Préface édition japonaise

　このたび本書の日本語訳が実現し、私たち著者は非常にうれしく思っている。日本は世界のグローバル化の過程において、主要な役割を担ってきた国だからだ。日本が情報通信分野において優れた役割を果たし、過去にとらわれない新しいテクノロジーを発展させてきたことは、世界がグローバル化した大きな理由としてあげられるだろう。

　日本の場合、1990年代初頭まで世界を驚かせたあの勢いこそ失われてしまったとはいえ、いまもなお主要な経済大国であり、かつ国際的な関心を集める国であることには変わりない。そして、ヨーロッパも日本も、グローバル化した世界の将来に不安を抱え、それをチャンスとみなすのと同時に危機ともとらえている。

　西側世界が享受してきた力の独占が終わって、米国は息切れし、日本人やヨーロッパ人は自分たちの社会のあり方が再定義されるのを目の当たりにし、中国は強国として勢いを増し、多くの国々が新興国として台頭するようになった。それだけでなく、文明の衝突についての論争やイスラムとの関係、そしてアラブ諸国の革命なども含めたすべての要因が、私たちが当然のようにみなしていたかつてのバランスを揺るがしているのである。

　ますます多様化し複雑になるこの世界を現実に即して見るようにしなければならない。これこそ、本書を書くことを著者が思い立ったきっかけである。本書をとおして読者が自分自身の意見を持つことができるよう、世界に関するさまざまなものの見方を紹介したいのだ。

　世界の大きな変容を前に、日本人とフランス人、あるいは日本人とヨーロッパ人は間違いなく、これまでよりも相談し合うことが必要になるだろう。私たちはそれぞれ、歴史的な理由から米国との関係を優先してきた。その関係を白紙に戻すことは、オバマ大統領が米国の政策方針を明らかに転換したこの時期には考えられないことだが、国際関係が米国との関係のみに絞られる、あるいは、ほぼすべてが米国との関係によって占められるといったことがあるべきではない。

　日本とフランスは、これまで戦略的問題や双方の世界観の共通点について十分に論じ合ってこなかった。そのためにまず、私たちの間で視点が異なるという事実に向き合うことは、非常に有益だろう。もし本書が微力ながらもその助けになるのであれば、役割を果たしたことになる。

パスカル・ボニファス
ユベール・ヴェドリーヌ

table des matières　　　　　　　　　　　　　　　目次

003 ▶ はじめに
004 ▶ 日本語版に寄せて

1
第 1 部

過去における大きな転換点

010-013 ▶ 地球で栄えた初めての人類
014-015 ▶ ヨーロッパの全盛期
016-019 ▶ 帝国の崩壊とその影響
020-023 ▶ 冷戦
024-025 ▶ 第三世界の分裂

2
第 2 部

グローバル化した世界についてのさまざまな解釈

028-031 ▶ 「国際共同体」という命題
032-033 ▶ 「文明の衝突」という命題
034-035 ▶ 「一極世界」という命題
036-039 ▶ 「多極世界」という命題

3
第 3 部

世界のさまざまなデータ

042-043 ▶ 人口
044-045 ▶ 世界の言語
046-047 ▶ 宗教
048-049 ▶ 国境を越える移民
050-051 ▶ 観光
052-053 ▶ 南北格差
054-055 ▶ 犯罪
056-057 ▶ 核大国
058-059 ▶ 石油と天然ガス
060-065 ▶ エコロジー問題
066-067 ▶ 水
068-069 ▶ 公衆衛生

第4部
それぞれから見た世界

072-075	▶ 米国から見た世界	102-105	▶ ロシアから見た世界	126-127	▶ 地中海諸国から見た世界
076-077	▶ カナダから見た世界	106-107	▶ インドから見た世界	128-129	▶ アラブ世界から見た世界
078-081	▶ ヨーロッパから見た世界	108-111	▶ 中国から見た世界	130-131	▶ マグレブから見た世界
082-085	▶ フランスから見た世界	112-113	▶ 日本から見た世界	132-133	▶ イランから見た世界
086-089	▶ ドイツから見た世界	114-115	▶ 韓国から見た世界	134-135	▶ イスラム主義者から見た世界
090-093	▶ 英国から見た世界	116-117	▶ インドネシアから見た世界	136-139	▶ アフリカ諸国から見た世界
094-095	▶ スペインから見た世界	118-119	▶ オーストラリアから見た世界	140-141	▶ セネガルから見た世界
096-097	▶ ベルギーから見た世界	120-121	▶ メキシコから見た世界	142-143	▶ 南アフリカから見た世界
098-099	▶ ポーランドから見た世界	122-123	▶ ブラジルから見た世界		
100-101	▶ トルコから見た世界	124-125	▶ イスラエルから見た世界		

Les grands repères du passé

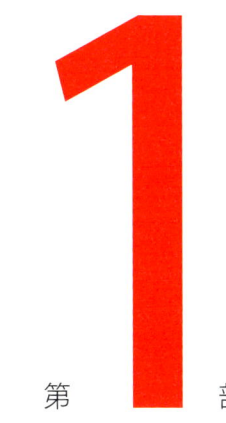

第 **1** 部

過去における大きな転換点

私たちが暮らす世界の起源はどこなのだろう？
今日の戦略上の情勢を形作った歴史の遺産は何だろうか？
過去は現在を照らし出し、現在の問題点をよりよく位置づけることができる。
この地図は「歴史」地図ではない。
だが、私たちが暮らす現代の世界は
過去からのつながりを念頭に置かなければ理解できないのだ。
第1部では5つの重要な段階に焦点をあてる。

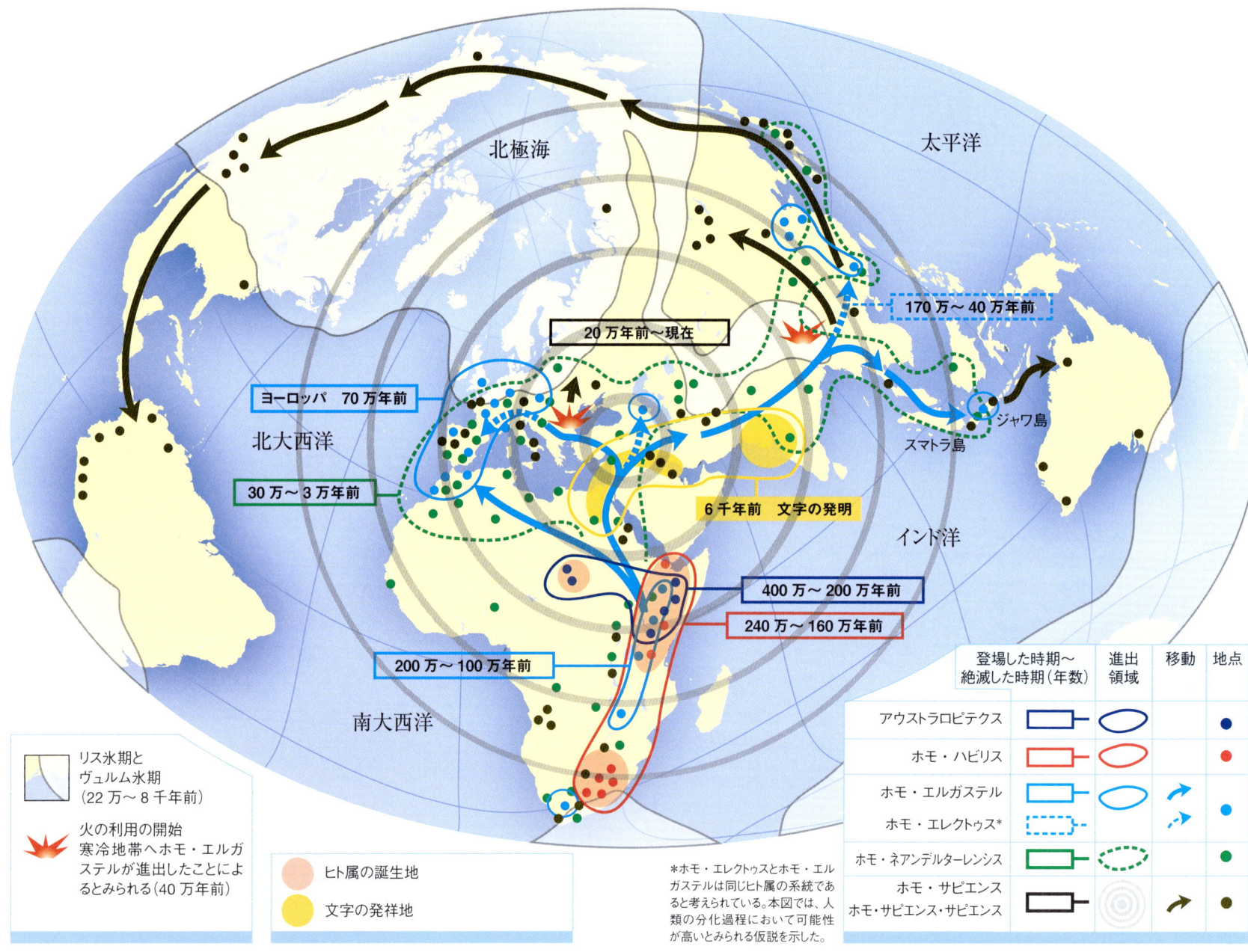

地球で栄えた初めての人類 Les premiers hommes peuplent la terre

地球の歴史から見れば、ヒトという種(しゅ)が登場したのは最近である。地球上に生命が誕生したのは約38億年前だが、現代人の祖先であるホモ・サピエンスが出現したのは約20万年前であり、私たちが属する新人ホモ・サピエンス・サピエンスが登場したのはたった3万5千年前のことだ。

人類の進化の系譜をたどるためには、ヒト上科の霊長類が2つの異なる種類に枝分かれしたところから始めるのがよいだろう。少なくとも800万〜900万年前に「大型類人猿」(例:チンパンジー、ボノボ)とヒト亜科に分かれたのである。

ヒト亜科から、アフリカ南部でアウストラロピテクスが約400万年前に誕生した。森に住み、直立二足歩行をしていたが、約200万年前に絶滅した。

同じくアフリカで、今度は東部に、人類最初期の種が約240万年前に登場していた。この「器用な人」を意味するホモ・ハビリスは、道具を使うことができた。小柄(身長120〜150cm)で体重は40kg程度であり、小さな脳(600c㎥)を備えていた。

2番目に誕生した種(しゅ)はホモ・エルガステルである。約200万年前に登場したこの「手仕事する人」は先祖であるホモ・ハビリスよりも背が高く(身長150〜170cm)、体重も重く(60kg)、さらに頭がよく、頭蓋骨の大きさは900c㎥であった。

ホモ・エルガステルは、人類で初めてアフリカ大陸を飛び出して北東へ冒険の旅に出た。その痕跡がガリラヤ湖(ティベリアス湖。現在のイスラエル北部にある)の近くで発見され、さらに北のグルジアでも見つかっている。この狩猟民族は約30万年かけて東アジアおよび東南アジアにたどり着いた。

その70万年後(100万年前)には地中海沿岸地域の南ヨーロッパでも暮らすようになり、さらに30万年後には(70万年前)それより北に広がる温帯のヨーロッパにいた。彼らは大陸から大陸へと移動していたが、これは氷河期で海の水位がそれほど高くなかったために容易だったのだ。

火を利用することができるようになって(40万年前)初めて、人類はヨーロッパの寒冷地やアジア大陸(と日本)、そしてアメリカ大陸まで進出することが可能になった。なお、ホモ・エレクトゥス(「直立する人」)という呼称は、このホモ・エルガステルのアジアでの子孫を指すのに使われることが多い。

ネアンデルタール人(ホモ・ネアンデルターレンシス)は30万年前に出現した。一部の専門家によれば、このホモ・ネアンデルターレンシスは、約10万年前に滅びたホモ・エルガステルの子孫である。ホモ・サピエンスと共存したのち、約3万年前に絶滅した。

約20万年前、おそらくホモ・エルガステルとアフリカのホモ・エレクトゥス系統の子孫で、たっぷりとした脳(1450c㎥)の持ち主であるホモ・サピエンス(「知恵のある人」)がアフリカに登場した。そして今から約3万5千年前、ホモ・サピエンス・サピエンス(現在の人間)が誕生したのである。

> 人類が成功を収めたことによって数々の問題が引き起こされた。だが、その問題を私たちは賢明に解決することができるのだろうか?

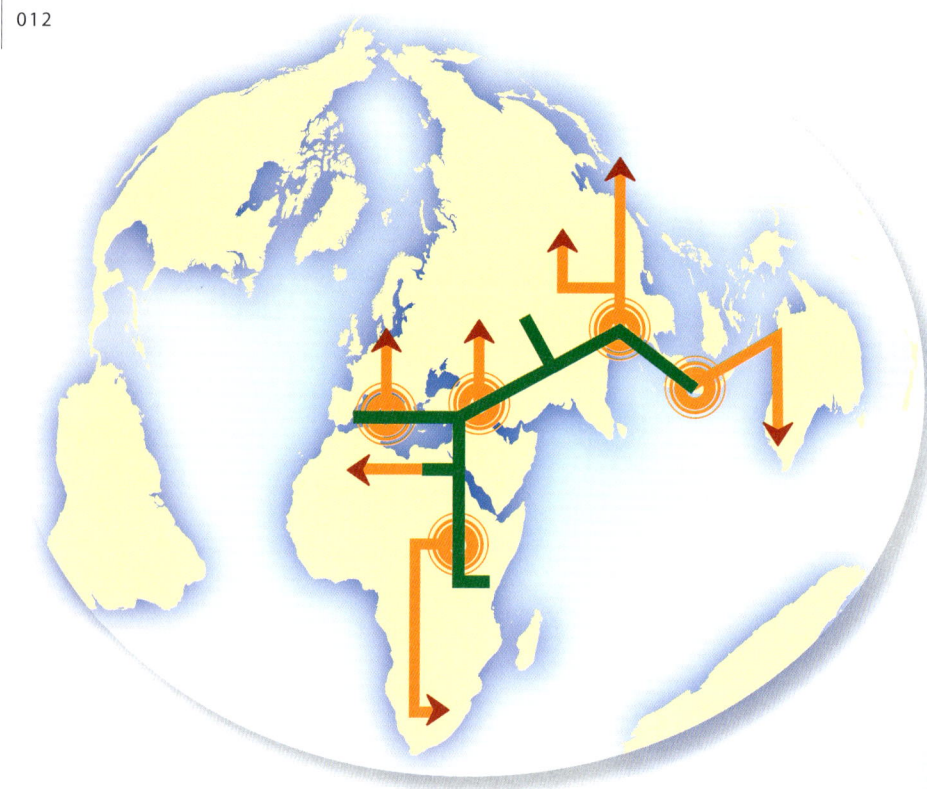

「枝つき燭台」説
（ホモ・サピエンスがさまざまな大陸で
別々に登場したと考える）

「ノアの方舟」説
（起源はアフリカのみ）

地球で栄えた初めての人類
Les premiers hommes peuplent la terre

科学的にさまざまな学説が対立している。「枝つき燭台」説によれば、現代人の起源は、ヨーロッパのホモ・エルガステルとアジアのホモ・エレクトゥスの子孫のさまざまな突然変異や進化によるものだと考えられる。一方、「ノアの方舟」説の場合、現代人の起源はアフリカだけであり、その人類が各地へ移住し、地球上で繁栄していったと考える。したがって、後者の説によれば、ホモ・サピエンスは、10万年もかからずに最初はたった数千人が中近東に移住し（12万年前）、ついでアフリカ（8万年前）、ヨーロッパ（ネアンデルタール人とおそらく衝突があったであろう）に拡散したことになる。そしてアジアにも行き、したがってホモ・エレクトゥスの子孫とともにそこに暮らし（6万年前）、北米大陸にも植民した（4万年前）。

新石器時代人の登場という画期的な出来事はだいぶ後になってからだ。彼らは約7千年前から次第に出現してきた。そして私たちが今日「歴史」と呼ぶものは、約6千年あるいは5千年前の文字の発明なしには始まらない。文字は「肥沃な三日月地帯」の都市国家の数々、つまりナイル川からユーフラテス川にかけての地帯とインダス川流域で誕生した。

火の利用が始まってから40万年が経ち、世界で初めて埋葬の儀式が行われてから10万年が経っていた。そして3万年前に、人間は道具を用いるようにもなっていた。つまり、衣服を着たり武器を使用したりしていた人間は、フレスコ画を描き、いかだを作るようにもなったのだ。たとえ、今の私たちが意識していないにしても、私たちが受け継いだ遺産はシュメール文化やファラオの時代よりもずっと前にさかのぼるのだ。

古人類学界や先史学界を激しく湧かせた論争は数知れない。新たな場所で遺跡が発見され、遺伝子学が発展したおかげで、これらの異なる種について、その起源や移動経路、互いの関連性だけでなく年代全般について、それまでの常識を覆すような詳細が明らかになり訂正が行われるようになった。

だが、一つの疑問が突きつけられている。唯一生き残り自らを「サピエンス（知恵のある）」と名乗る力があると信じる私たちは、人類が発展していく上で引き起こされた劇的な問題を知恵を使って解決することはできるのだろうか？という疑問だ。われわれ人類は2050年には人口が95億人にものぼると推算されているのだが……。

人類の起源は何か？
数々の学説が対立している。

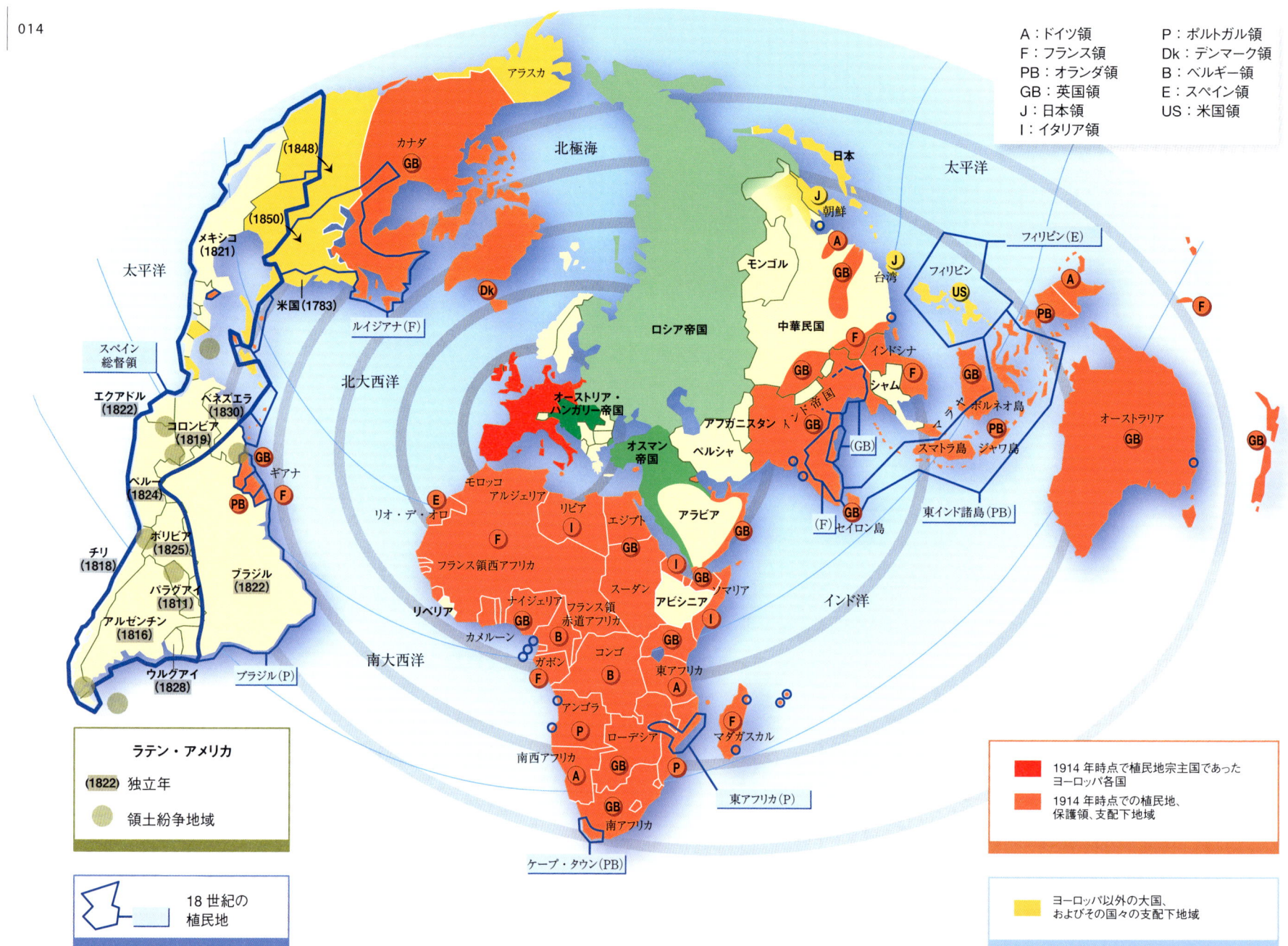

ヨーロッパの全盛期　L'apogée de l'europe

5〜10世紀、ヨーロッパは、東方や南方からの大規模な人口流入先あるいは通過点になっていた（はじめ住民の大多数はケルト人だったが、『ゲルマン民族の大移動』が起こるなどした）。その後1095〜1291年に十字軍が初めて東方へ進出した。

だが、ヨーロッパが世界中に影響力を広げるようになるのはまさしく、新大陸発見と偉大な探検家たち（ヴァスコ・ダ・ガマ、コロンブス、マゼラン）の時代からだ。まずポルトガル人とスペイン人、続いて英国人とフランス人（アジアとアメリカ大陸に）、そしてオランダ人探検家たちが、植民地帝国への道を切り開いたのである。こうしてアフリカは英国、フランス、ベルギー、ポルトガル、スペイン、ドイツが分け合うこととなり、結果として19世紀には、フランスと英国は世界植民地帝国の頂点に立っていた。一方で中国と日本はヨーロッパに脅かされて、ヨーロッパが決めた条件の下、市場を開放しなければならなくなった。

第1次世界大戦前夜、ヨーロッパの国々は内輪だけで世界を分け合い、支配者として君臨していた。いずれの国も互いに競い合っていたが、みな植民地の「文明化の使命」を担っていると自負していた。米国は18世紀に、ラテンアメリカ諸国は19世紀に独立を果たし、一方ロシアは太平洋沿岸地域を支配下に収めるまでになっていたが、世界のグローバル化（国境開放、金本位制の導入）が初めて起きたこのころは、世界がヨーロッパ化された時代であることには変わりなかった。

まず、ヨーロッパ列強同士の経済競争や植民地競争が悪化したことが1914〜1918年の第1次世界大戦の原因の一つである。したがって、この戦争は、本当の意味での「世界大戦」というよりむしろ「ヨーロッパ内戦」であり、そこから世界中で連鎖反応が起きていったというべきものだ。

第1次大戦から1939〜1945年の第2次世界大戦までの戦間期を通じて、何一つ問題は解決されず、戦前も戦後もそのままであった。30年の間にヨーロッパは没落し、米国に世界での地位と支配権を奪われ、保護される対象となった。そして、その後しばらくの間、ヨーロッパの半分がソ連の支配下に置かれてしまうのである。

> 第1次世界大戦前夜、
> ヨーロッパは世界を分け合っていた。

北極海
太平洋
太平洋
北大西洋
インド洋
南大西洋

帝国の終焉により誕生した新たな国家

- 1914年以前の独立国（1921年に独立したアイルランドを除く）
- 1918年以後、敗戦国の解体によって誕生した国
- 1931年のウェストミンスター憲章によって独立が確定された国*
- 1945年以後に非植民地化により独立した国
- ソビエト連邦の分裂（1991年）により独立した国
- ユーゴスラビアの分裂（1991年）により独立した国

*かつて大英帝国をなしていた英国連邦の国々はすべて独立。

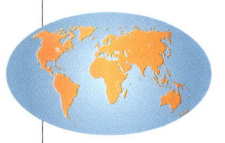

帝国の崩壊とその影響 Les conséquences lointaines de la dislocation des empires

　植民地支配をしていた国々は長い間、統治先の人々の民族主義的な意識の盛り上がりや民族間の緊張を抑え込んでいた。その植民地帝国が崩壊したことで、数々の紛争が勃発し、中にはいまだに続いている地域もある。したがって、民族主義的な考え方とは何かという視点からこれまでの危機の歴史をたどることが、今日起きている危機を理解するためには必要だ。

　米国の場合、宗主国であった英国から独立を勝ち取り、アメリカ合衆国を建国したが、その独立を守るために、1917年まで、さらには1941年までという長期間にわたる孤立主義の伝統を維持したのである。

　ラテンアメリカ諸国の間では、スペインの植民地からの独立を目指してそれぞれが独立戦争を起こした19世紀前半に確執が生じた。この緊張感は今もなお、国民感情にその痕跡をとどめている。

　ヨーロッパでは、第1次世界大戦によって、ドイツ帝国、オーストリア・ハンガリー帝国、オスマン帝国が解体された。

　ドイツの場合、ヴェルサイユ条約（1919年6月29日）によって敗北と帝国解体を承認させられた結果、それによるドイツ人の屈辱感が一因となって、二大戦間期に、報復を望む好戦的な民族主義が盛り上がった。ナチスが敗北し、ドイツは冷戦期に2度目の解体（東と西への分割）を経験するが、ソビエト連邦の弱体化によりドイツ再統一が実現する（1991年）。つまりドイツとしてのアイデンティティの解体から再構築まで72年かかったことになる（1919～1991年）。

　オーストリア・ハンガリー帝国はドイツ帝国と1914年に同盟を結んで世界第2の強国となったが、第1次世界大戦後、オーストリアとハンガリーに分かれ、さらにオーストリアはサン＝ジェルマン条約（1919年9月10日付）、ハンガリーはトリアノン条約（1920年6月4日付）によって解体させられた。新たに誕生したチェコスロバキアやユーゴスラビアは、なかなか和解しがたい少数民族が一つになった国であったことから、避けがたい確執を抱えたままであった。そのために国情が不安定となり、いくつかの民族が1930年代のヒトラーの策略を好意的に受け取る原因となった。

　第2次大戦後は冷戦のため、チトーが断固として抑え込んでいたユーゴスラビアの例のように、民族問題は「凍結」されていたが、1989～1990年にかけて共産主義体制が次々と終焉を迎え、再び表面化するようになった。たとえばハンガリー系少数民族の問題など。しかし多くの場合、状況を安定させることができた。これは、ドイツが東側の国境をオーデル川とナイセ川にすることをポーランドと再確認したことや、「安定協定」による支援のおかげで中欧諸国の和解が進みEU（欧州連合）に加盟する可能性が見えてきたことなどによる。平和に向かう動きにより12カ国が新たにEUに加盟した。

　対照的にユーゴスラビアの場合、チトーが亡くなった1980年代初頭から崩壊が始まっていた。ユーゴスラビアもヨーロッパも国連安全保障理事会のいずれも、その状況をコントロールすることができなかった。その結果クロアチア紛争やボスニア紛争（1991～1992年）、コソボ紛争（1999年）のように、崩壊の過程は激しいものとなった。12年経った2010年の時点でさえ、ボスニアもセルビアもマケドニアも完全には安定を取り戻していない。

> 帝国の終焉によって新たな国家が誕生し、かつての確執が再燃するようになった。

018

地図：第一次世界大戦後のヨーロッパと中東

- **ドイツ帝国**
- **オーストリア・ハンガリー帝国**
- **ロシア帝国**
- **オスマン帝国**

条約一覧：
- ヴェルサイユ条約（1919年6月 ドイツと締結）
- サン＝ジェルマン条約（1919年9月 オーストリアと締結）
- ヌイイ条約（1919年11月 ブルガリアと締結）
- セーヴル条約（1920年8月 オスマン帝国と締結）
- ローザンヌ条約（1923年7月にトルコ国境を決定）
- ブレスト＝リトフスク条約（1918年3月ロシアの新国境を決定）
- ポーランド・ソビエト・リガ平和条約（1921年3月ポーランド国境を決定）
- ブカレスト条約（1918年5月ベッサラビアをルーマニアに割譲）

国名（地図上）：
フィンランド、エストニア、ラトビア、リトアニア、ソ連、ドイツ、ポーランド、チェコスロバキア、オーストリアハンガリー、ルーマニア、ユーゴスラビア、ブルガリア、アルメニア、トルコ、ギリシャ、イタリア、フランス、英国、アイルランド：1921年独立、シリア（1945年）、レバノン（1945年）、イラク（1930年）、パレスチナ、トランスヨルダン王国：1946年にヨルダン・ハシミテ王国となる

凡例：
- 1914年時点での各帝国
- 第1次世界大戦の戦勝国
- 敗戦国（そのため領土が再編された国）
- 平和条約
- 戦勝国の植民地
- 1920年以降に誕生した英国またはフランスの委任統治領
- *1930* 独立年
- 1918〜1921年に独立した国

帝国の崩壊とその影響
Les conséquences lointaines de la dislocation des empires

そしてオスマン帝国もセーヴル条約（1920年）とローザンヌ条約（1923年）によって解体したが、かつて存在した確執の痕跡は今も残っている。

バルカン地方では、ユーゴスラビアにおいて、オスマン帝国時代には凍結されていた異なる民族や宗教間の緊張が表面化した。

近東では、オスマン帝国解体時に漠然と約束されたクルド国家建国が、結局は実現されなかったために、現在も火種となっている。また、英国委任統治下でオスマン帝国の3つの州が英国の独断により合併されて誕生したイラクは、動乱続きの悲劇的な歴史を経験せざるを得なかった。そしてシリア、レバノン、トランスヨルダン（後のヨルダン）およびイスラエルは、1948年以降今日まで、平和も安定も知らないままである。1世紀近くも歴史は流れたが、この地域に暮らす人々の恐怖と怨恨はつのる一方である。

アフリカやアジアの植民地が1950～1960年代に独立したため、何十もの国家が誕生した。しかし、「引き上げていった」列強宗主国（ポルトガル、スペイン、ベルギー、オランダ、フランス、英国）が、そのままに残したのは「時限爆弾」だった。インド亜大陸のパキスタンとインドへの分離独立、パキスタンとバングラデシュの分裂、イスラエルとアラブ諸国の紛争、ティモール問題、香港の位置づけほか、まだまだある。その中で独立したばかりの「若きアフリカ」は賢明にも、いかに人工的な国境線であれ、問題を蒸し返さないために植民地時代の区分けに適応することにした。

スエズ川よりも東側では、英国の撤退によってペルシャ湾岸地域に10カ国あまりの首長国が独立した。その中の1カ国がクウェートであり、後にイラクがその領土を要求することになる（1991年の第1次イラク戦争）。

新しい独立国同士の関係、あるいはそれ以外の国々との関係は、独立心とは相反する形で、帝国主義時代の列強の影響を受けたままその言語を使うなど、植民地時代の影が色濃く残っている。グローバル化のおかげで各国が、もっと政策の幅を広げることができ、新しい可能性が与えられているにもかかわらず。

太平洋に浮かぶ数多くの小国は、さまざまな国々の信託統治領であったが、1980～1990年代にかけて独立していった。

最後に消滅した「帝国」はソ連である。1991年末に、バルト3国、ウクライナ（ロシア発祥の地）、アルメニア、グルジア、アゼルバイジャン、中央アジア諸国が独立し、特にカフカス地方は深刻な少数民族問題を新たに引き起こした。

今日、世界では小さな植民地が点在しているだけだ。だが、アフリカや中東、アジアの少数民族が抱える問題は最も深刻だ。一部の専門家の分析によると、数世紀に及ぶヨーロッパおよび西洋の拡張主義が終焉を迎えた今も、植民地であった地域の極めて停滞した状況には終わりが見えていない。そして中国とロシアが、新たにこの問題に直面するとみられている。

> 新しい独立国同士の関係、および他国との関係は、植民地時代の影響が色濃く残っている。

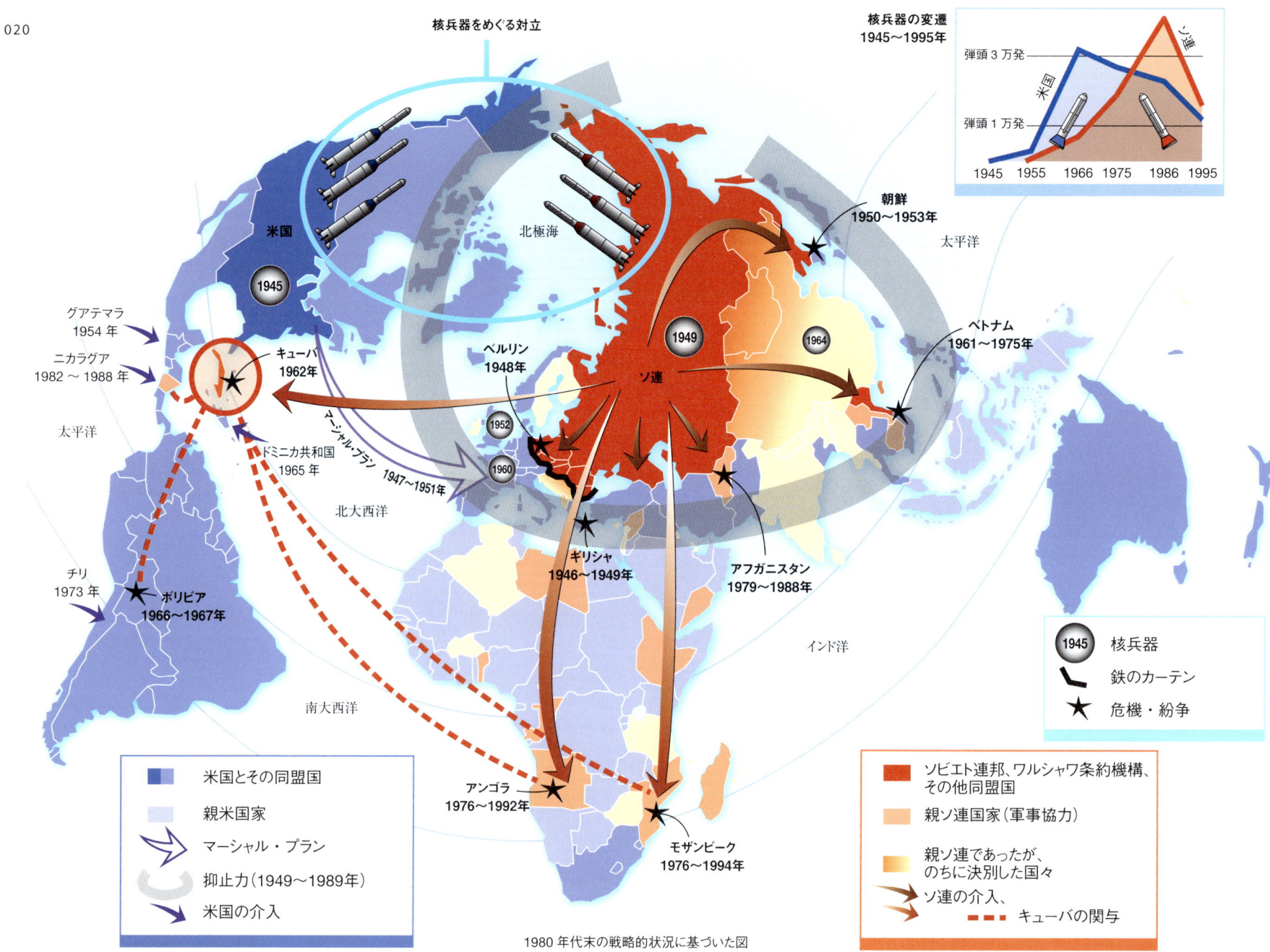

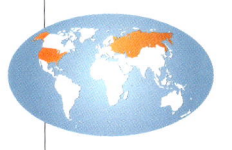

冷戦 La guerre froide

　連合国が勝利した1945年から、転機の年となった1991年まで、国際関係は東西の対立、すなわちソ連と米国の敵対関係が基盤となっていた。

　したがって、米国・英国・ソ連の連合国がテヘラン会談、ヤルタ会談、ポツダム会談で決定した諸事項は、1990～1991年のソ連の終焉とドイツ再統一以降、ヨーロッパとドイツに関しては現状に当てはまらないものになった。

　一方、国際連合に関する規定は異議さえ申し立てられるようになり、その効力は失われつつある。各国への兵器の分散状況や外交関係は、前世紀の情勢に影響を受けたままだ。

　第2次世界大戦の戦勝国は、ヒトラーや大日本帝国に対して勝利を収めるやいなや分裂した。スターリンは、ヤルタでルーズベルトとチャーチルに確約したにもかかわらず、ソ連赤軍によって解放されたヨーロッパ一帯の自由選挙を行わず、それどころか、親ソ連の共産主義政権を押しつけたのである（伝説とは反対に、ヤルタ会談は、戦勝国が世界を分割するというものではなかった）。

　1946年、すでにチャーチルは、バルト海のシュテッティンからアドリア海のトリエステまで下ろされた、東西陣営を分かつ「鉄のカーテン」について言及するようになった。特に朝鮮戦争以後の西ヨーロッパに対するソ連の軍事的脅威は（1949年からは核の脅威も加わるようになる）、米国が自国の歴史で初めて、ソ連を「抑止する」ために、カナダやヨーロッパ諸国と同盟を結ぶほどのものであった。米国が全面的に主導権を握り、ほどなくしてその一員となったNATO（北大西洋条約機構）である。平和を取り戻したばかりだというのに、明日にでも戦争が勃発するかのような状況であった。また、米国はマーシャル・プランを実行に移し、ヨーロッパを再建し、ソ連のプロパガンダ放送を断とうとした。

　このころから2つの陣営の間で、通常兵器、そして特に核兵器による軍拡競争が始まる。より多くの爆撃機、より多くの大陸間あるいは中距離ミサイルが製造された。核ミサイルも当初は単弾頭で大型であったが、そのうちに「多弾頭」になり、その多弾頭ミサイルそのものの性能は正確性を増していった。緊張状態は常態化していく。

　1948年、西側陣営はソ連によるベルリン封鎖を失敗に終わらせた。ソ連は1953年に東ベルリンの暴動を制圧し、1955年にはワルシャワ条約機構を作り、1956年のブダペスト蜂起も押しつぶし、同様に1968年のプラハでの蜂起（チェコ事件）も制圧した。

　西ヨーロッパではド・ゴールがいっこうに改革の兆しを見せないNATOの変化を待つのにうんざりした末に、加盟したままではあるものの、1966年に統一軍司令部からフランス軍を引き上げた。▶▶▶

> 1945年2月のヤルタ会談で世界が分割されたのではなかった。

冷戦
La guerre froide

　このような「冷戦」あるいは「恐怖のバランス」状態は、第三世界においては同盟国や衛星国を介する形で両超大国の紛争を引き起こした。フランスの社会学者レイモン・アロンが言ったように、2つの価値体系と戦略的な利害が相容れない以上、「平和は不可能」である。とはいえ、アロンは、核の抑止力により──核が抑止力を発揮する限り、「戦争は起こりえない」と付け加えている。

　いや、戦争は不可能ですらあった。ケネディとフルシチョフに始まる「平和的共存」は、1962年のキューバ・ミサイル危機という憂慮すべき事態があったからこそ、不可欠だと認識されたのだ。平和的に共存する必要性は、ホワイトハウスとクレムリンの間の緊急直通電話「ホットライン」の開設や、抑止力を機能させるために迎撃ミサイルを禁じた「弾道弾迎撃ミサイル制限」条約（ABM条約）によって示されるようになった。そして、ニクソン・キッシンジャー・ブレジネフ時代には戦略兵器「制限」条約（SALT、1970年代）、1980年代初頭には「削減」条約（START）が結ばれたのである。

　ソ連は1979年に親共産党体制を救おうとして介入したアフガニスタンで、明らかに膠着状態に陥っていた。そこで、1980年代の初めにアメリカ大統領レーガンは、実現不可能な「スターウォーズ計画」（戦略防衛構想）を発表し、ソ連を巻き込んで疲弊させようと企てた。ソ連の失敗を自覚していたゴルバチョフは、1985年から改革路線（グラスノスチ、ペレストロイカ）を敷いて共産主義体制を救おうとする。新たに軍縮に合意し、アフガニスタンからソ連軍を撤退させ、特に、中央ヨーロッパや東ヨーロッパで「人民民主主義」政権を維持するために武力を用いないことを決定した。以来、抑圧的で疲弊した社会で、何も下支えするものがなくなったこの一帯の政府は非難の矢面に立たされ、1989年、90年にすべての政権が崩壊した（そのおかげで突如としてドイツ再統一が実現することになる）。1991年末には、ソ連自体が内部崩壊した。

　冷戦は「熱戦」に転化することなく、約45年続いたのみで終焉を迎えた。そして「グローバル化した」世界の時代が始まったのである。

武力の支えを失ったソビエト体制は崩壊した。

世界地図

地名・地域ラベル

- 北極海
- 太平洋
- 北大西洋
- 南大西洋
- インド洋
- メキシコ
- エクアドル
- ベネズエラ
- ブラジル
- アルジェリア
- リビア
- ナイジェリア
- ガボン
- アンゴラ
- 南アフリカ
- イラク
- イラン
- サウジアラビア
- アラブ首長国連邦
- クウェート
- カタール
- バーレーン
- 中国
- インド
- インドネシア

凡例

- 🟡 新興国
- 🟢 近年 GDP が急増している国（開発途上国）
- 🟤 後発開発途上国
- ● 産油国

今日「分裂した」かつての第三世界の国々

第三世界の分裂 L'éclatement du tiers-monde

　1945年以後、国際関係が東西陣営の競争を中心に築かれていく一方で、独立したばかりの数多くの国家は、この世界の二極体制から逃れて、自国のアイデンティティを守りたいと望んでいた。

　「第三世界」とは、1952年にフランス人経済学者のアルフレッド・ソーヴィが、フランスのアンシャン・レジーム期の「第三身分」という言葉からヒントを得て生み出した表現である。かつて「3番目の地位」にある人々が、上位2つの地位にある人々（聖職者と貴族）に対して態度を明確に表したのと同様に、貧しく、数が多く、かつての植民地大国に支配された経験を持ち、大きな権力を持たない第三世界の国々は、二極体制に反対の立場をとった。すなわち資本主義も共産主義も求めないという立場である。

　ほとんどが南半球に位置しているこれらの国々に言わせれば、南北間の埋められない亀裂は東西間の対立よりも決定的である。北半球の国々はイデオロギー的に東側共産主義国と西側資本主義国に分けることができるが、いずれの側であっても南半球の国々とは違って、先進国に属していることに変わりはない。一方「南側諸国」はその事実に直面しながらも、自らのアイデンティティを明確にしなければならないのである。つまり重要なのは、脱植民地化を終えるのと同時に、南側諸国が米国・ソ連の主導権争いに対して独立を保てるようにし、経済的発展を可能にしなければならないということなのだ。

　1955年4月、インドネシアのバンドンで第三世界の国々が一堂に会した大会議が初めて行われた。参加29カ国は世界の人口の半分を占めているにもかかわらず、世界のGNP（国民総生産）に占める割合はたった8％でしかなかった。1960年、第15回国連総会では「即時、無条件で」植民地が独立を求める権利を宣言した決議1541号が可決された。つまり国連総会で、植民地は世界平和と国連憲章に反するものであるとみなされたことになる。

　また、南側諸国は「不平等交換」に基づいた関係を告発した。第三世界は原料を安価で輸出し、北側諸国が生産した工業製品を高価で購入しているからだ。1974年、国連総会は公正さ、すなわち主権の平等に基づいた「新国際経済秩序」の樹立を宣言した。第三世界諸国はG77を結成し、自国の天然資源の永久的主権を宣言する。それは、これらの国々にとって不可欠な経済的主権を主張することを意味する。経済的主権は政治的主権とは別に、いまだ完全には実現されていないからだ。北側諸国は南側諸国を搾取していると非難された。これに関連して、国連貿易開発会議（UNCTAD）は国家間経済権利義務憲章（CERDS）を採択した。

　だが、1970年代が過ぎ去ると、第三世界の結束はバラバラになった。政治的な視点から見れば、非同盟主義の政策を実行した国は、インドやインドネシア、ユーゴスラビアなど少数である。それ以外の多くの国々は戦略的な見地から米国かソ連と組んでいた。

　特に明確な違いは経済面に現れている。今日、全世界におけるかつての第三世界諸国には、もはや何一つ共通点が見られない。一方には、世界で頭角を現し発展している国々がある。たとえば、地政戦略上の要所となる大国（中国、インド、ブラジル）やアジアの「龍」と呼ばれる工業国となった国々、原油相場における価格上昇の恩恵を受ける産油国などである。他方では、状況がますます悪化している後発開発途上国（LDC）の存在がある。第三世界という概念は破綻し、死を迎えたのだ。

> 1970年代が過ぎ去ると、第三世界の結束は破綻した。

Les diverses interprétations du monde global

第2部

グローバル化した世界についてのさまざまな解釈

最も楽観的なものから最も悲観的なものまで、
グローバル化した世界についてさまざまな解釈の仕方が存在する。
私たちは文明の衝突に向かっているのか、その反対に、
国際的に調和がとれた民主主義に基づく共同体の誕生に立ち会っているのだろうか？
世界は一極体制なのか、いくつかの強国を軸として組織されているのだろうか？
第2部では、世界情勢について分析された結果提示されたさまざまな命題を、
どの立場にも肩入れすることなく紹介したい。
これらの命題は、相互に対立し排除しあうものでしかないのだろうか？
それとも反対に相互に補完する理論となっているのだろうか？
その答えを見いだせるのは、読者と真実だけなのである。

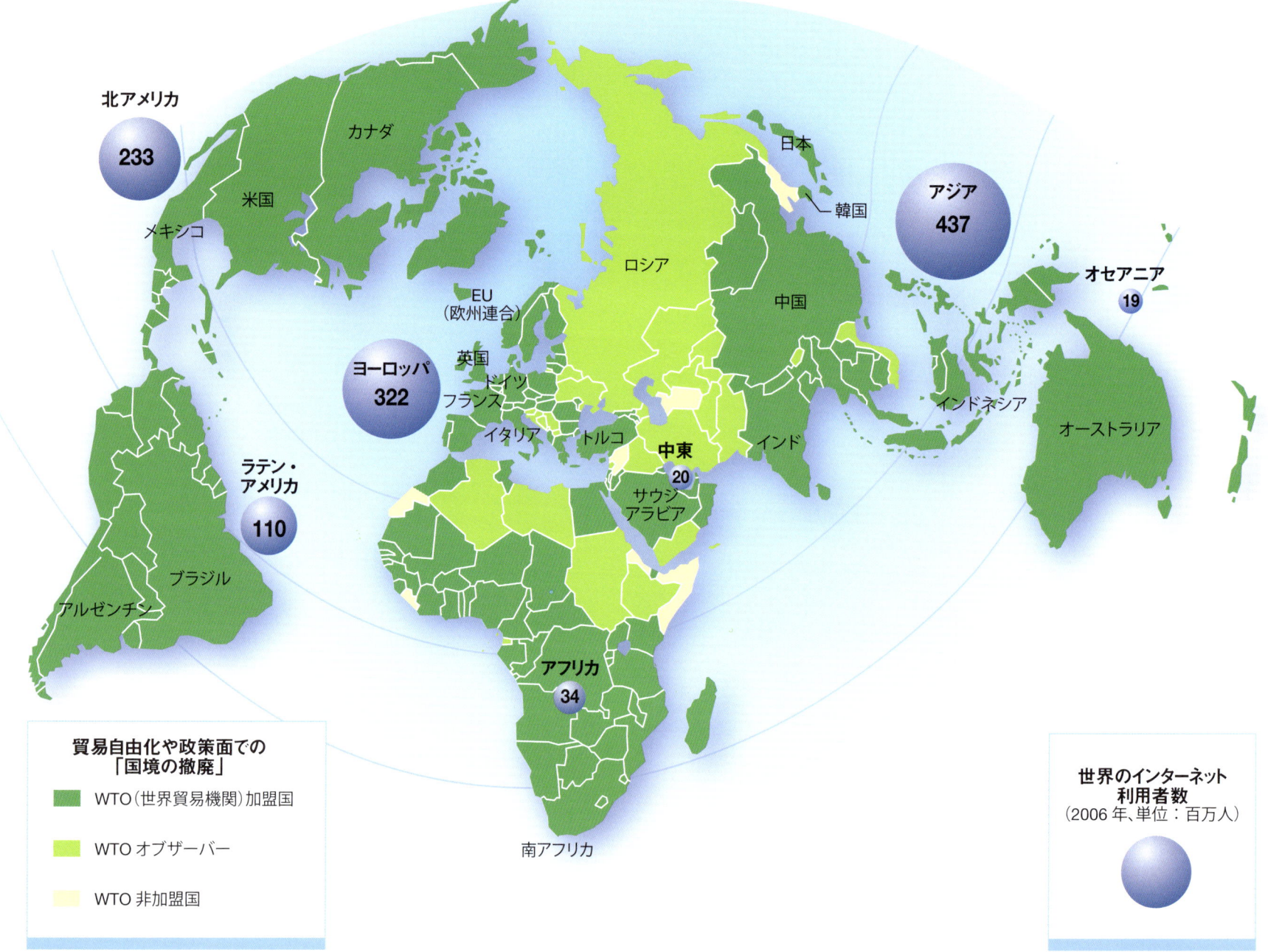

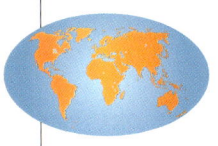

「国際共同体」という命題　Thèse de la «Communauté internationale»

　1990年代初頭、ソ連の消滅と冷戦の終結によって、多くの希望が生まれた。1980年代の10年間に民主主義はすでにアジアとラテンアメリカで勢力を増しており、東ヨーロッパでも導入され、世界中どこでも躍進するにちがいないと考えられていた。イラク戦争（1990〜1991年）で国連安全保障理事会常任理事国は、5カ国一致して歩調を合わせ、国連憲章によって定められた権利規定に沿った形で初めて武力行使をした。「国際共同体」という概念が、現実の形をとりつつあるようにみえた。集団安全保障はもはや空論ではなくなったのだ。

　ジョージ・ブッシュ大統領（父）は「主権を持つ自由国家が結びついた普遍的な」共同体、「紛争を交渉によって解決するという原則」、そして「人権」に基づいた新世界秩序の到来を讃えた。

　政治学者のフランシス・フクヤマは、イデオロギーの対立は消滅し、それとともに、各国が敵対関係に陥るリスクも消えたという考えを支持し、「歴史の終わり」を宣言した。

　西洋の自由主義モデルは、世界的に適用されていないにしても、これから適用されるにしても、もはや異論を唱えられるようなものではなくなった。米国・ソ連という世界の両極間の溝が消滅したのと並行して、グローバル化が現実味を帯びてきたのである。

　技術の進歩は、時間と距離を短縮し、生産能力を新たに増やし、全般的に生活水準を押し上げることを可能にした。自由かつ活発な経済交流のためだけでなく、知的交流、人的交流、資本の交流が円滑になるように、国境は消滅しつつある。

　経済的あるいは政治的な自由主義と技術の進歩が相乗効果で勢いを増していった。そして、情報技術の進歩によって、一個人が古い壁を乗り越えられるような能力を得られるようになった。すべての人々が情報を手に入れることができるようになったのである。

　このような自由主義に賛成する人々は、グローバル化した市場経済が誰に対しても進歩を保障し、誰もが利益を得るウィン・ウィンのシステムであり、民主主義と繁栄が世界規模で広がる触媒効果を持っていると考えている。

　米国の外交評論家で世界のグローバル化を支持するトマス・フリードマンによると、世界は「フラット化（平滑化）」したという。情報革命がグローバル化の過程を加速させ、貿易面でも政治面でも国境を消滅させたからだ。もはや国家や企業という単位ではなく、インターネット経由で直接ネットワークを築いて、個人単位で連携を結んだり競合したりする時代である。雇用市場は国籍を問わなくなり、グローバル化している。個人向けのパソコンは、一人一人が自分でデジタル文書（テキスト、写真、音楽ファイルなど）を作ることを可能にした。そしてほとんどタダ同然で、インターネットによって瞬時に、無尽蔵にあるデジタル化された情報に世界中からアクセスすることができるのだ。　▶▶▶

> グローバル化した市場による経済の支持者の目には、それが誰にとっても進歩の要因になると映っている。

030

北アメリカ
9400万人

世界中から
アメリカ大陸への旅行者数
1億4000万人

中央アメリカ
690万人

カリブ海地域
1950万人

世界中から
ヨーロッパへの
旅行者数合計
4億5800万人

北ヨーロッパ
5630万人

中央・東ヨーロッパ
8800万人

北東アジア
9400万人

南アメリカ
1960万人

西ヨーロッパ
1億4870万人

南ヨーロッパ
1億6500万人

南アジア
880万人

東南アジア
5380万人

オセアニア
1050万人

北アフリカ
1470万人

世界中からアフリカへの
旅行者数合計
4030万人

サハラ砂漠以南のアフリカ
2560万人

世界中からアジアへの旅行者数
1億6710万人

2006年国際観光者数

世界中から各地域へ
8億4200万人

2005年インターネット利用者数
（人口1000人あたりの利用者数）

40人未満

40〜99人

100〜199人

200〜399人

400〜870人

不明

「国際共同体」という命題
Thèse de la «Communauté internationale»

既存のメディアは否応なしに競争に巻き込まれ、個人は計り知れない力を獲得した。

したがって、国際共同体という概念に賛同する人々は、世界がグローバル化しネットワーク化したために、同じく実行が容易になったテロが起こっているにしても、地政学的に深刻な紛争が起こる危険性はそれほど大きくならないと結論づけている。供給連鎖（サプライチェーン）によってグローバル化した世界において、それが前提とする経済交流が戦争によって破綻してしまった場合の代償は、手に負えないものになるとわかっているからだ。だからこそ、地政学的には利害が対立するにもかかわらず、中国と台湾、インドとパキスタンは、経済的な利害を優先して協調関係を結ぶのである。

現在も起こっている紛争は、グローバル化の恩恵を平等に享受することができないことに起因している。だが、民主化や経済の自由化が世界規模で広がっていけば、既存の緊張関係を緩和できる可能性がある。フリードマンの認識は、世界には「フラット化していない」国が存在し、地球の半分はいまもグローバル化の「利点」には縁がない状態だという単純なものである。

後発開発途上国に関わる問題である「デジタル・ディバイド（情報格差）」は、同様に新興国の中心となる国々にも存在している。たとえばインド人の約5％しかインターネットを利用していないのである。

いずれにせよ、まだ民主主義が導入されていない、あるいは民主主義的な要素が少ない権威主義的な体制は守勢に回り、民主主義が勢力をますます増大させることになるだろう。

> 世界がグローバル化し、ネットワーク化されることによって、テロ行為が容易になったが、深刻な紛争が起こるという危険性は少なくなっている。

| 脅威的な文明 |
| 「衝突」の可能性 |

神道文明
太平洋
東方正教会文明
儒教・仏教文明
西洋文明
ラテン・アメリカ文明
ヒンドゥー文明
アラブ・ムスリム文明
インド洋
アフリカ文明
大西洋

8つの文明
- 西洋
- ラテン・アメリカ
- 東方正教会
- アラブ・ムスリム
- アフリカ（その他）
- 儒教・仏教
- 神道
- ヒンドゥー

「文明の衝突」という命題 Thèse du «Clash des civilisations»

　1989年11月にベルリンの壁が「崩壊」し、1991年12月にソ連が解体された後、西側諸国は楽観的な空気に満たされた。「新国際秩序」が生まれつつあり、「世界普遍の価値観」が「国際共同体」を刺激するようになった。政治アナリストのフランシス・フクヤマが言うように、意見の対立も戦闘もない「歴史の終わり」になりつつあった。

　同じく国際関係論の著名なエキスパートであるサミュエル・ハンチントンは、このような理想主義に正反対の意見を述べている。彼はむしろ、同じ価値観を共有しない8つの文明が衝突する危険性を警告しているのだ。特に西洋文明とイスラム文明と儒教文明の間に対立が起こる危険性を強調している（ハンチントンによると、他の5つの文明はラテンアメリカ文明、アフリカ文明、ヒンドゥー文明、スラブ東方正教会文明、そして日本文明である）。

　楽観主義者や、普遍主義やグローバリズムの信奉者は衝撃を受けた。ハンチントンはこうした人々を「おめでたい人々」だと断じたからだ。ハンチントンの見解に反対する者は、彼の見解は文明の衝突を招き「予言の自己実現」を引き起こすものだと言って非難している。だがハンチントンはむしろ逆に、警戒を促しているのだ。現実主義者にとって、反西洋のためにイスラムと中国が結束するとは信じられないのである。

　1990年代初頭の時点で、理にかなっているように見えたのはフクヤマの見解のほうだった。経済成長、クリントン政権、国連への信奉、中東和平プロセス、電気通信の普及、そして少し遅れてインターネットの広がりなどが例証となった。

　ところが、その後のイツハク・ラビン首相（イスラエル）の暗殺、中東和平プロセスの失敗、ダーバンで行われた反人種差別国連サミットの失敗、米国での民意反転（1996年上院議員選挙および2000年の大統領選挙）、ヨーロッパの足踏み状態、イスラムテロの増加、そしていうまでもなく2001年9月11日のアルカイダによるニューヨークのツインタワー（世界貿易センタービル）に対するテロなどによって、こうした事態を警告していたハンチントンのほうが洞察力があるのかもしれないといわれるようになった。

　そして、数多くの欧米人がブッシュ政権とネオコンのコントロールによって、ハンチントン理論の世界の枠組みに組み込まれてしまったかのように状況を進行させていった。イラク戦争は西洋世界とイスラム世界の溝を確実に深くした。イスラム原理主義者はそれに呼応して急進的な姿勢を打ち出し、キリスト教徒が長い間そうしてきたように、世界を信者と無信仰者に分けたのである。

　この動きに反対する欧米人および穏健なイスラム教徒は、この見通し（この「理論」）を、普遍主義の名の下に否定している。その理由は「文明の衝突」理論が不安を引き起こすというものである。

　一方、彼らに反対する人たちもいる。イスラムと西洋の衝突は、狂信的な少数派の存在や、互いのことをあまりにも知らないという、猜疑心が生まれるにはもってこいの状況のせいで、深刻な危険性をはらんでいると考える人たちだ。彼らは「理論」に対して反対するのではなく、その理論が指摘する危険性を回避し、紛争を未然に防ごうとする。その手始めにまず、中東に平和をもたらすため、対話の重要性を説く。

　こうして2005年、当時国連事務総長であったコフィ・アナンは、文明の衝突の危険性に対して教育とメディアを用いて戦うべく、「文明の同盟」を提唱した。だが、実際には危険性はまだ長きにわたって続いていくだろう。欧米社会の分別ある方策が、それを食い止め、増長させずに隅に追いやることができるかもしれない。これはまさに、2009年1月からバラク・オバマ米国大統領が試みていることでもある。

> サミュエル・ハンチントンの理論は9.11テロで裏付けられたようにみえる。

世界地図

北極海	チューレ
ロシア	アイスランド
カナダ	ノルウェー
ヤキマ	メンウィズヒル
米国	英国
フォート・ミード	ドイツ
北大西洋	モーウェンストー
バミューダ諸島	スペイン
北朝鮮	ロシア
三沢	ベラルーシ
中国	ウクライナ
日本	イタリア
ミャンマー	アフガニスタン
沖縄	シリア／イラク
ミッドウェー	モロッコ
ハワイ	イスラエル
グアム	エジプト
キューバ	イラン
メキシコ	パキスタン
プエルトリコ	マリ
ホンジュラス	スーダン
インド	
タイ	
ニカラグア	ベネズエラ
シンガポール	コロンビア
インド洋	
ペルー	ディエゴガルシア島
ブラジル	ジンバブエ
パイン・ギャップ	
ジェラルトン	ボリビア
オーストラリア	インド洋
ワイホパイ	チリ
太平洋	南大西洋
ニュージーランド	南アフリカ
	アルゼンチン

凡例

- ★ 米国の主要基地または「支援拠点」
- ● 「エシュロン」監視システム
- ---- 人工衛星の静止軌道

- ■ NATO（北大西洋条約機構）加盟国
- ■ 米国の同盟国
- ■ 米国から「敵対国」とみなされている国
- ■ 1990年以降に米国が行った軍事介入

「一極世界」という命題　Thèse du «Monde unipolaire»

　1991年12月にソ連が消滅した後、米国ただ一国が超大国（スーパーパワー）として残り、「超絶大国（ハイパーパワー）」とまで形容され、世界の中心をなす唯一の軸となった。この「一極世界」を喜ぶ人もいれば嘆く人もいるが、米国がこの状態に至ったのは、それを明確に望んだからというより、これまでの歴史で起きた出来事の連鎖の結果である。

　1799年、アメリカ合衆国初代大統領としての任期を終えつつあったジョージ・ワシントンは、国民に対してヨーロッパの紛争に関わらないように強く要請した。国民が紛争に巻き込まれないよう細心の注意を払ったのだ。米国はその後もヨーロッパ政策においてその方針を踏襲していく。それは、迷った末に英国と連合国側にくみすることが自分たちにとって最も重要で得策だと判断した1917年まで、あるいは1941年まで続いたのである。

　19世紀を通じて、米国は「西部」を征服することに専念していた。征服が完了したのが1890年である。そして20世紀に移るころには、米国は保護領を安定させることに力を注いだ。保護領とは、スペインの利益に反する形で獲得した、カリブ海諸島、中央アメリカといった自国に極めて近い周辺国や、太平洋諸島、フィリピンを指す。

　第1次世界大戦勝利の後、干渉主義者で理想家であったウィルソン大統領は、国際連盟の設立を提案したが、孤立主義のままの本国では上院がその案に賛同せず、国際連盟から手を引くことになる。1941年12月7日にハワイの真珠湾で米国艦隊を日本軍が攻撃して初めて、ルーズベルト大統領はナチス体制と日本軍国主義に対する戦争に全面的に関わることができるようになった。真珠湾攻撃がきっかけで、米国は、連合国であるソ連とともに、1945年5月8日にナチス・ドイツを、1945年9月2日に帝国日本を正式に降伏へ追い込んだのである。第1次大戦後とは対照的に、第2次世界大戦が終わると、米国はヨーロッパにとどまるために手際よく準備を整えていった。

　1948年に、ヨーロッパが共産主義に転換するのを防ぐ意図で作られたマーシャル・プランの運用のためにOECE（欧州経済協力機構）が、そして、ソ連がヨーロッパを攻撃するのを抑止するためにNATO（北大西洋条約機構、1949年の北大西洋条約に基づく）が米国の手によって結成された。このときから今日まで、米国は欧米の安全保障の舵取りを手中に収めている。米国は一連のソ連向けの軍事同盟と核兵器の定期的な最新化によってソ連を「阻止する」ために包囲網を作り上げた。また第三世界では、ソ連が崩壊するまで45年にわたって、米国はソ連の影響力が浸透するのを妨げたのである。

　ソ連が消滅した1991年12月、米国は、冷戦における2つの超大国の一つから、ただ一つの超大国として残ることになった。その立場に加えて、核による防衛、完全に優位にある軍事力、強い経済力、国際経済におけるドルの影響力、世界規模に広がる市場経済の原動力としての役割、そして「ソフトパワー（文化、言語、映画、ライフスタイル、大学、知的影響力）」など、すべてが1990年代に米国を一極世界の中心軸にするべく動いていった。

　フランスが「多極世界」を宣言すると、米国は、疑わしい兆候という程度ではなく、フランスが米国に敵対する計画だと受け止めた。2001年9月11日のテロは、超絶大国でさえ自爆テロに対しては脆いと証明することになる。イラクでの現状も、超絶大国が道を誤るということがあるのだということを人々に気づかせることとなった。中国の台頭も懸念されている。それにもかかわらず、多くの米国人は（そして他の国の人々も）、新興国の台頭があるにしても、米国は唯一支配的な大国、他国よりも上の立場にある世界の中心軸でありつづけるだろうと、相変わらず信じているのである。

> すべてが米国を一極世界の中心軸にするべく動いていった。

036

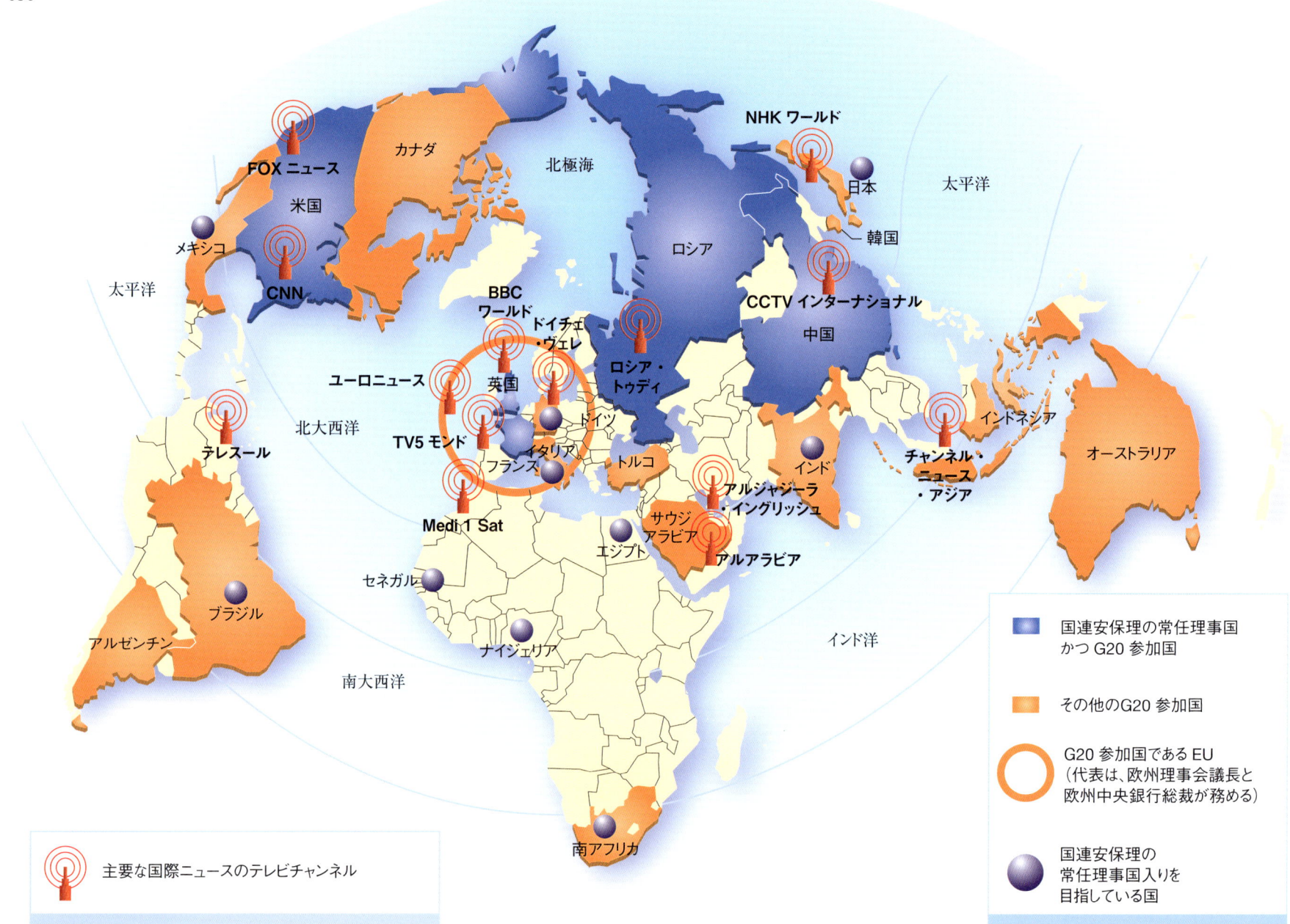

世界地図に示された主要な国際ニュースのテレビチャンネルとG20参加国

- FOX ニュース（米国）
- CNN（米国）
- NHK ワールド（日本）
- BBC ワールド（英国）
- ドイチェ・ヴェレ（ドイツ）
- ユーロニュース
- ロシア・トゥデイ（ロシア）
- CCTV インターナショナル（中国）
- TV5 モンド（フランス）
- Medi 1 Sat
- アルジャジーラ・イングリッシュ
- アルアラビア
- チャンネル・ニュース・アジア

国名：
カナダ、米国、メキシコ、ブラジル、アルゼンチン、英国、フランス、ドイツ、イタリア、トルコ、ロシア、サウジアラビア、エジプト、セネガル、ナイジェリア、南アフリカ、インド、中国、韓国、日本、インドネシア、オーストラリア

海洋：北極海、太平洋、北大西洋、南大西洋、インド洋

凡例：
- 国連安保理の常任理事国かつG20参加国
- その他のG20参加国
- G20参加国であるEU（代表は、欧州理事会議長と欧州中央銀行総裁が務める）
- 国連安保理の常任理事国入りを目指している国
- 主要な国際ニュースのテレビチャンネル

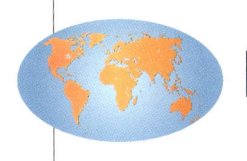

「多極世界」という命題 Thèse du «Monde multipolaire»

1945年から1991年まで米国とソ連は「冷戦」で対峙していた。1991年以後は、米国が一極世界唯一の支配的な強国になった。一部の人々にとっては、米国は今もこれからもそうであるが、別の人々は、世界はすでに「多極世界」であるか、将来的にそうなるとみなしている。

フランスにとって、特にジャック・シラク大統領時代（1995～2007年）は米国の優位性が華々しかった時期とちょうど重なっており、米国の権勢に拮抗しバランスをとるために望ましい「多極世界」という概念を提唱したのだが、米国はこの表現を非友好的だと判断したのである。

事実を見れば、新たな経済超大国が台頭していることは明らかである。中国やインド、そしてブラジル、南アフリカ、大国として返り咲いたロシアなどがあげられる。ロシアについてひとこと言っておくと、1990年代にこの国が表舞台から脱落してしまったとみなされたのはあまりに早合点だった。

これらの国々による多極体制を認めることはWTO（世界貿易機関）をはじめとする諸機関の中枢ではすでに行われているところだ。新興国はIMF（国際通貨基金）の中で、自分たちの議決権の拡大を要求している。また数カ国が国連安全保障理事会における常任理事国の候補となっている。

2008年秋には、経済危機とフランスの働きかけの影響でG7／G8の国々はG20に拡大することを受け入れざるを得なくなった。このことは多極世界を象徴する出来事であり、この20カ国が今後の競争の枠組みになることを意味する。

だからといって、新しい大国の台頭が、多極世界が安定するきっかけになるわけではない。このことに関しては数多くの疑問が投げかけられている。米国は今後も世界を支配する中心軸のままでいるのだろうか？　それとも中国に追いつかれ、さらには追い抜かされてしまうのだろうか？　そのような事態は、経済成長に関しては21世紀半ばまでに起こる可能性があるが、ソフトパワーの面ではありえないように思われる。

米国、中国、日本、インド、ロシア、ブラジル、そしてヨーロッパの関係はどのように築かれていくだろう？　世界の多極としての各国は、他の国々と対立するのだろうか？　あるいは同盟を結ぶことになるのだろうか？　たとえば「上海協力機構」は中国・ロシアの協力関係の枠組みとなっている。もし、この「多極システム」というものが存在する、あるいはさまざまな極が散在しているのならば、WTO加盟国150カ国、あるいは国連加盟国192カ国など、多国間システムの一員であるほかのおよそ180カ国との関係はどのようなものになるのだろう？

▶▶▶

地域的な強国をまとめる事務局ができるのだろうか？

主な地域統合

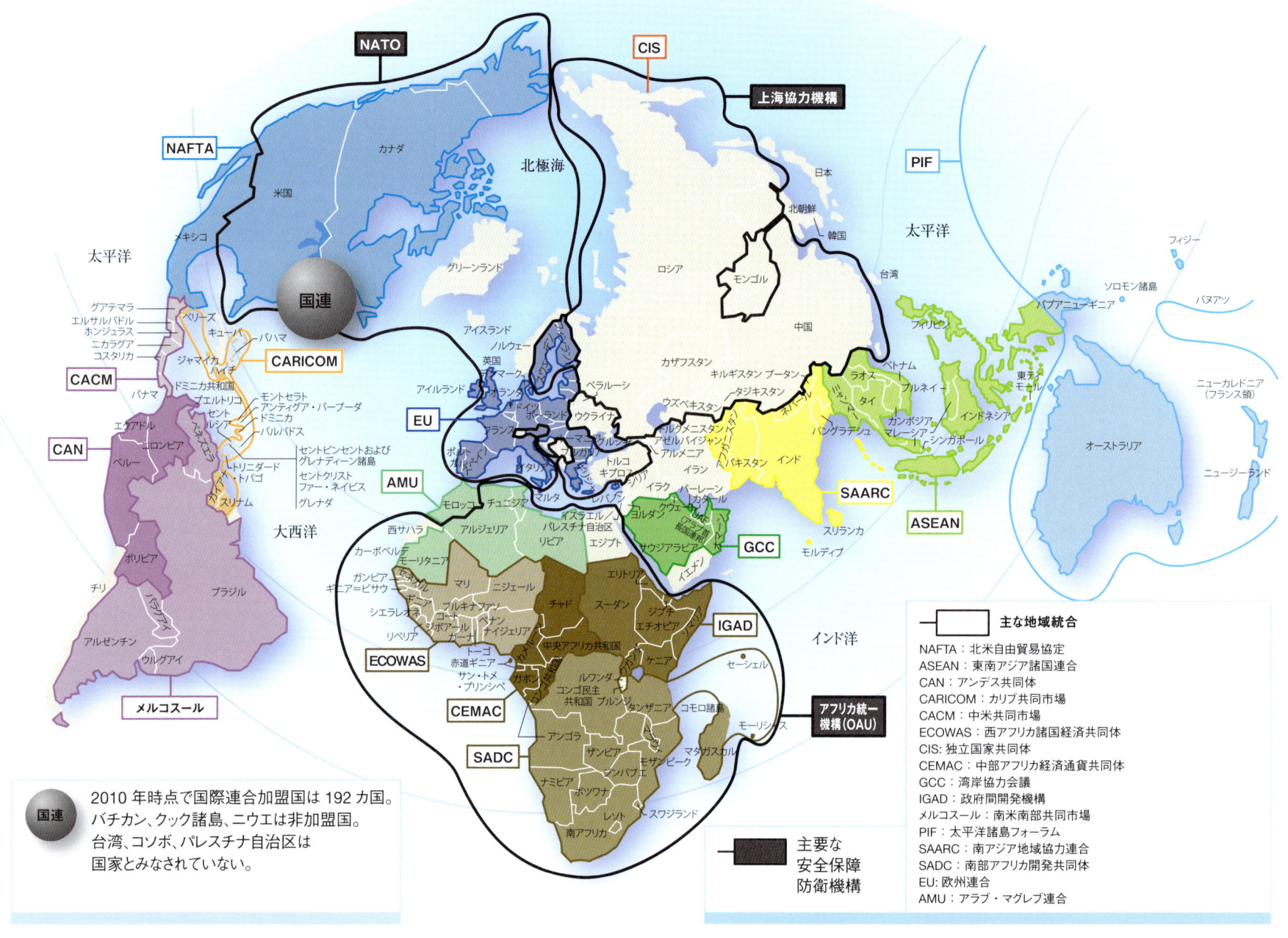

NAFTA：北米自由貿易協定
ASEAN：東南アジア諸国連合
CAN：アンデス共同体
CARICOM：カリブ共同市場
CACM：中米共同市場
ECOWAS：西アフリカ諸国経済共同体
CIS：独立国家共同体
CEMAC：中部アフリカ経済通貨共同体
GCC：湾岸協力会議
IGAD：政府間開発機構
メルコスール：南米南部共同市場
PIF：太平洋諸島フォーラム
SAARC：南アジア地域協力連合
SADC：南部アフリカ開発共同体
EU：欧州連合
AMU：アラブ・マグレブ連合

主要な安全保障防衛機構

NATO
CIS
上海協力機構
アフリカ統一機構（OAU）

国連

2010年時点で国際連合加盟国は192カ国。
バチカン、クック諸島、ニウエは非加盟国。
台湾、コソボ、パレスチナ自治区は
国家とみなされていない。

「多極世界」という命題
Thèse du «Monde multipolaire»

　近い将来、世界のさまざまな極はそれぞれが一つのグループや地域のリーダーとなるのだろうか？　たとえばラテン・アメリカの中のブラジル、アフリカにとっての南アフリカやナイジェリアの位置づけである。G7や2008年からのG20のために常設事務局を作ろうという話がうるさいほど聞こえてくるが、これから先、新しい極となる国々をまとめるある種の事務局を創設することになるのだろうか？　現時点ではどのような仮定であっても排除することはできない。

　ヨーロッパは独特の問題を投げかけている。すでに確立された一つの形態として「ヨーロッパ」というものを語る習慣が定着しているのにもかかわらず、なおかつフランスが常日ごろから「強国としてのヨーロッパ」の必要性について言及しているのにもかかわらず、近い将来ヨーロッパが多極世界の一極として明確な立場を打ち出すかどうかは、現状では確かでない。

　だが、各種統計を積み重ねてみれば、潜在的にそのようになる性質は備わっている。ヨーロッパは5億人の人口、圏内合計18兆4000億ドルのGDP（国内総生産）を数え（米国は14兆2000億ドル）、共同体共通の対外貿易政策は大きな影響力を持つ。それでも、EUは「ヨーロッパ合衆国」にはならないだろう。EU加盟国はそれぞれ古くからの強いアイデンティティを備えており、米国建国当初の13植民地とは比べようもない。13植民地は13の違う民族を代表していたわけではないからだ。

　すでに統合がかなり進んでいるヨーロッパであるが、統合はリスボン条約（2009年）の範囲を越えて進むことはない。さらに重要なのは、ヨーロッパ諸国の大多数が1945年以降自国の安全保障、防衛、外交を米国の方針に合わせてきたことである。そして多くの人々が、ともかくヨーロッパ全体に関しては、かつての大国中心的な外交政策を忘れて新しいやり方を取り入れたいと望んでおり、超大国の方針に従うような過去に戻ることに対して嫌悪を抱いている。

　たとえフランスが「大国ヨーロッパ」を語る場合、それがヨーロッパの正当な利益を守り、グローバル化に襲われ豊かでありながらも不安定になった世界を調整できるような影響力を行使することを指すにしても、大国という存在への嫌悪感は変わらない。ヨーロッパの人々が、ヨーロッパを一つの大国にすることを決断しないならば、ヨーロッパは将来、一つの極になりもしなければ、米国の新たな同盟のパートナーにもならないだろう。その場合、善し悪しは別にして、ヨーロッパは、米国という一極支配のリーダーシップの下、西側諸国が集まった一つの地域でしかありえないだろう。

> ヨーロッパは一極たりうるのだろうか？

Les données globales

第 **3** 部

世界のさまざまなデータ

第3部には、世界の現状と、
世界がこの先どのような形で発展する可能性があるのかについて、
客観的なデータを記載した。
可能な限り正確な知識があってこそ、今問われている問題点を理解し、
最も適切な方法で向き合うことができるのだ。
これからあげるすべての問題点に直面する世界の将来は、
多様な国々が、多国籍・多民族の機関や組織の中で、
それぞれの行動をどのようにとるかにかかっている。

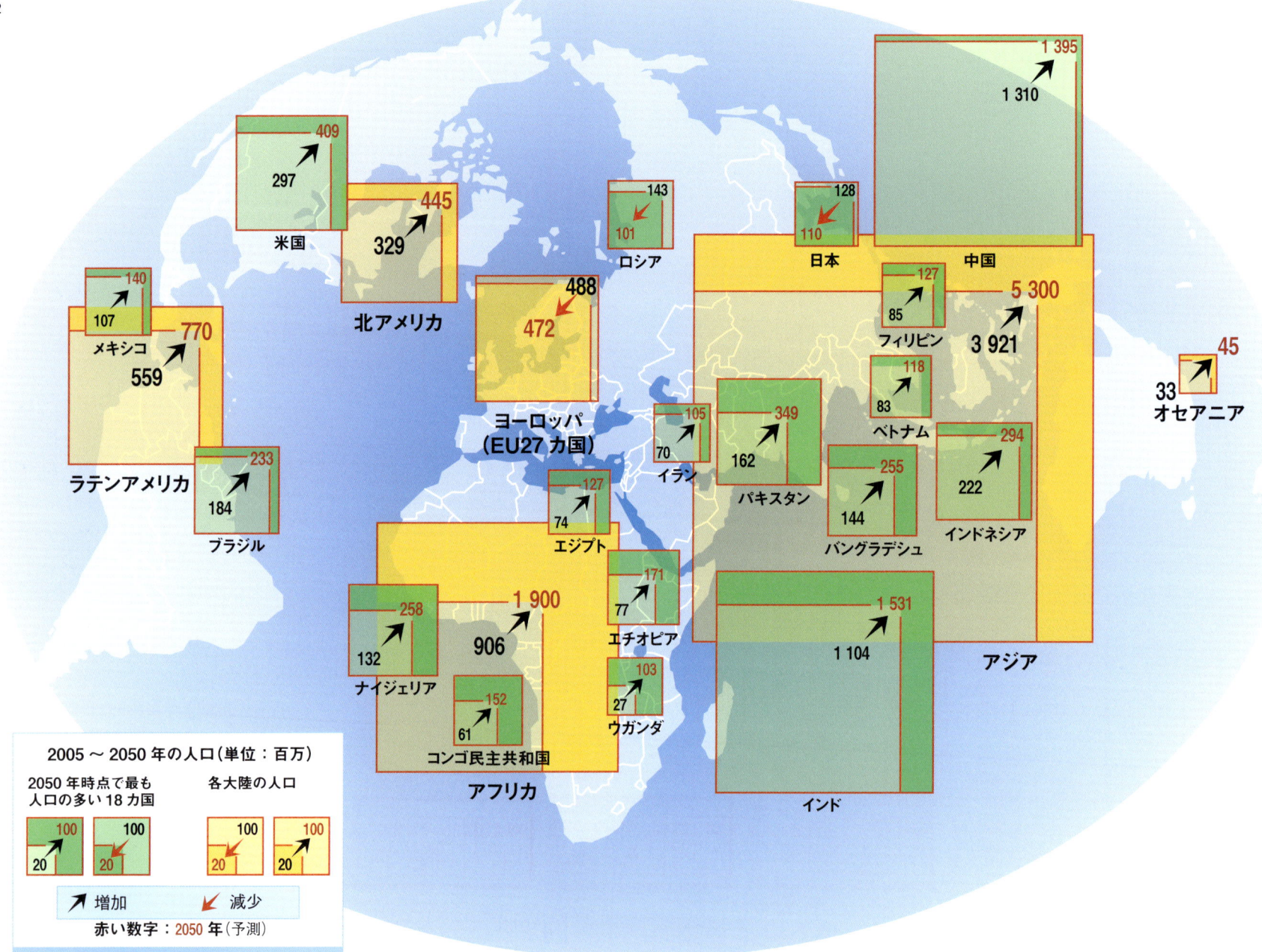

国・地域	2005年	2050年
米国	297	409
北アメリカ	329	445
ロシア	143	101
日本	128	110
中国	1 310	1 395
ヨーロッパ（EU27カ国）	488	472
メキシコ	107	140
ラテンアメリカ	559	770
ブラジル	184	233
イラン	70	105
パキスタン	162	349
フィリピン	85	127
ベトナム	83	118
アジア	3 921	5 300
バングラデシュ	144	255
インドネシア	222	294
オセアニア	33	45
エジプト	74	127
エチオピア	77	171
ナイジェリア	132	258
アフリカ	906	1 900
コンゴ民主共和国	61	152
ウガンダ	27	103
インド	1 104	1 531

凡例

2005～2050年の人口（単位：百万）

- 2050年時点で最も人口の多い18カ国
- 各大陸の人口
- ↗ 増加 ↙ 減少
- 赤い数字：2050年（予測）

人口 Population

　世界の人口は、紀元1000年まではあまり変わらず、1800年までに10億人にも到達していなかった。1798年にマルサスが論文を出版し、その中で、地球は人口増加に対応するのに十分な資源を賄えなくなるだろうと予測した。そして19世紀以降、その増加が止まらなくなってしまったのである。1900年に17億人、1925年に20億人、1975年に40億人、2005年に65億人といった具合である。こうした世界的な人口増加は大陸によって違いがあることを指摘するべきだろう。

　最新の人口推計によれば、地球は2050年には95億人を数え、その後おそらく人口増加は安定するという。だが、2000～2050年の間の人口激増の96%は南半球で起こり、北半球の国々では、人口の数が停滞するか、あるいは減少にすら転じてしまうとみられている。ただし、特筆すべきは米国が例外だということだ。定期的に流入する移民のおかげで人口が増加しつづけることになる。

　1960～1981年に、当時の人口学者たちは2050年の見通しとしてなんと世界の人口が250億～500億人になると発表したが、今やその予想数値からはほど遠い状態にあることがわかっている。唯一2000～2050年の期間、アフリカ大陸だけが、おそらく相対的に人口増加を経験することになるだろう。いくつかの国々で人口を大きく減少させているエイズの大流行を考慮に入れるとしても、アフリカの人口はその50年間で倍増する。

　アジアは世界人口の60%に当たる53億人を抱えることになり、ますます世界の要になっていくとみられる。インドの人口はその時点までに1.4倍になり、現在人口13億人の中国では14億人に増える。

　ヨーロッパは、2000年に世界の12%を占めていた人口が7%になるため、人口の面では存在感が小さくなる。

　ロシアの場合、過激なまでに人口が減少しているが、減るのが止まらない状況だ。1989年時点で1億4800万人を数えた人口が、2005年には1億4300万人となり、2050年の推定は1億100万人である。したがって、ロシアは人口世界6位の座から18位に落ちるだろう。

　日本も同様に、現在から2050年までに人口の25%を失うとみられている。

　大多数の国では2025年頃には合計特殊出生率が2.1人（人口維持のための世代の代替が可能な最低値）を切るとみられ、特に女性が仕事と子どもを同時に持つことが難しい社会でその傾向は顕著となる。したがって、世界の人口が過剰になるかもしれないという恐怖は、世界の人口減少と高齢化を懸念しなければならないという状況へと移行する危険がある。あるいは、人口増加と減少が抱える問題を同時に経験しなければならなくなるかもしれないのだ。

> アジアは53億人の人口を抱え、
> ますます世界の要となっていくだろう。

北極海
太平洋
太平洋
北大西洋
インド洋
南大西洋

公用語

- 標準中国語
- 英語
- スペイン語
- ヒンドゥー語
- フランス語*
- ロシア語
- マレー語
- アラビア語
- ポルトガル語
- ベンガル語
- 日本語
- ドイツ語

*公用語または文化的に使用されている言語

話者数
（単位：百万人）

- 英語*（推定） 1 600
- 標準中国語 1 080
- 英語** 500
- スペイン語 380
- ヒンドゥー語 315
- フランス語 290
- ロシア語 285
- マレー語 250
- アラビア語 230
- ポルトガル語 220
- ベンガル語 210
- 日本語 127
- ドイツ語 126

*英語が国際語として使用される場合　　**400万人が母語として使用、100万人が他言語と併用

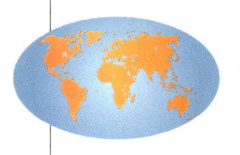

世界の言語 Les langes dan le monde

　言語とは、国内では人々のアイデンティティを結ぶ絆であり、時には外国での影響力を測るベクトルにもなる。国際規模で一つの言語が広がることによって、その言語の出身国の威光の大きさを測ることができるからだ。言語が、発祥した国の外でも使われているケースはそれほど少ないのだ。

　17世紀から20世紀初頭までは、フランス語がエリート文化人やトップクラスの外交官が国際的に用いる言語だった。19世紀のフランスは大国としての立場を英国にすでに譲っていたのにもかかわらず、フランス語は世界の標準語としての支配的な位置を保っていた。第1次世界大戦を終結したヴェルサイユ条約（1919年）は、史上初めて英語とフランス語の両語で作成された外交文書である。つまり、この条約は、2つの言語の立場が逆転しつつあった歴史を目撃した証人と考えられるだろう。英語の普及が成功したのは、ヨーロッパの大国の一つである英国で使われていた言語であるのと同時に、当時世界の大国として台頭していた米国で用いられていたことに負っている。

　ある一つの言語を使用するということは、過去の遺産を映し出すことである。特に、フランスや英国の支配下にあったアフリカ、ポルトガルやスペインの支配下にあったラテン・アメリカなど、植民地になっていた地域ではそうだ。

　また、その言語の出身国の魅力や国力をも映し出す。英語が今日世界的な言語となったのは、英国の旧植民地という大きな土台がすでにあったこと（英語圏アフリカ、オーストラリア、ニュージーランド、カナダ、米国）と、世界を支配する大国という米国の立場のおかげなのだ。

　グローバル化の現象によって、英語が他の言語に比べて有利だということがはっきりした。同じ国にいても母語がそれぞれ違う人々の間を媒介する言語として用いられてきたからだ。英語（というよりむしろ、世界に普及し簡素化された形の英語）は、おそらく議論の余地なく、グローバル化されたメディアやビジネス、文化の国際言語になった。つまりグローバル化の産物としての言語なのである。

　言語の威光の大きさを測るためには、その言語の話者の数のみならず、特に、その言語の発祥国の外でどれだけ定着しているのか、そしてその言語を母語としない人々がどれだけ使用しているのかを考慮に入れなくてはならない。中国語は間違いなく世界で一番多く話されている言語であるが、世界で支配的な位置にはなく、国際語としての本当の地位は築いていない。

　一方、フランス語は、世界標準語としての地位を失ったにもかかわらず、国際的には二大言語のうちの一つでありつづけ、約30カ国で公用語になっており、外交分野では大きな位置を守りつづけている。英語は60カ国で公用語あるいは準公用語だ。

　国連の6つの公用語（英語、アラビア語、中国語、スペイン語、フランス語、ロシア語）は、話者の数を反映している。

　ユネスコによると、現在約6千の言語が存在しているが、毎週平均一つの言語が消滅しているという。

毎週、世界に存在する6千の言語のうちの一つが消滅している。

世界の宗教人口の分布（％）

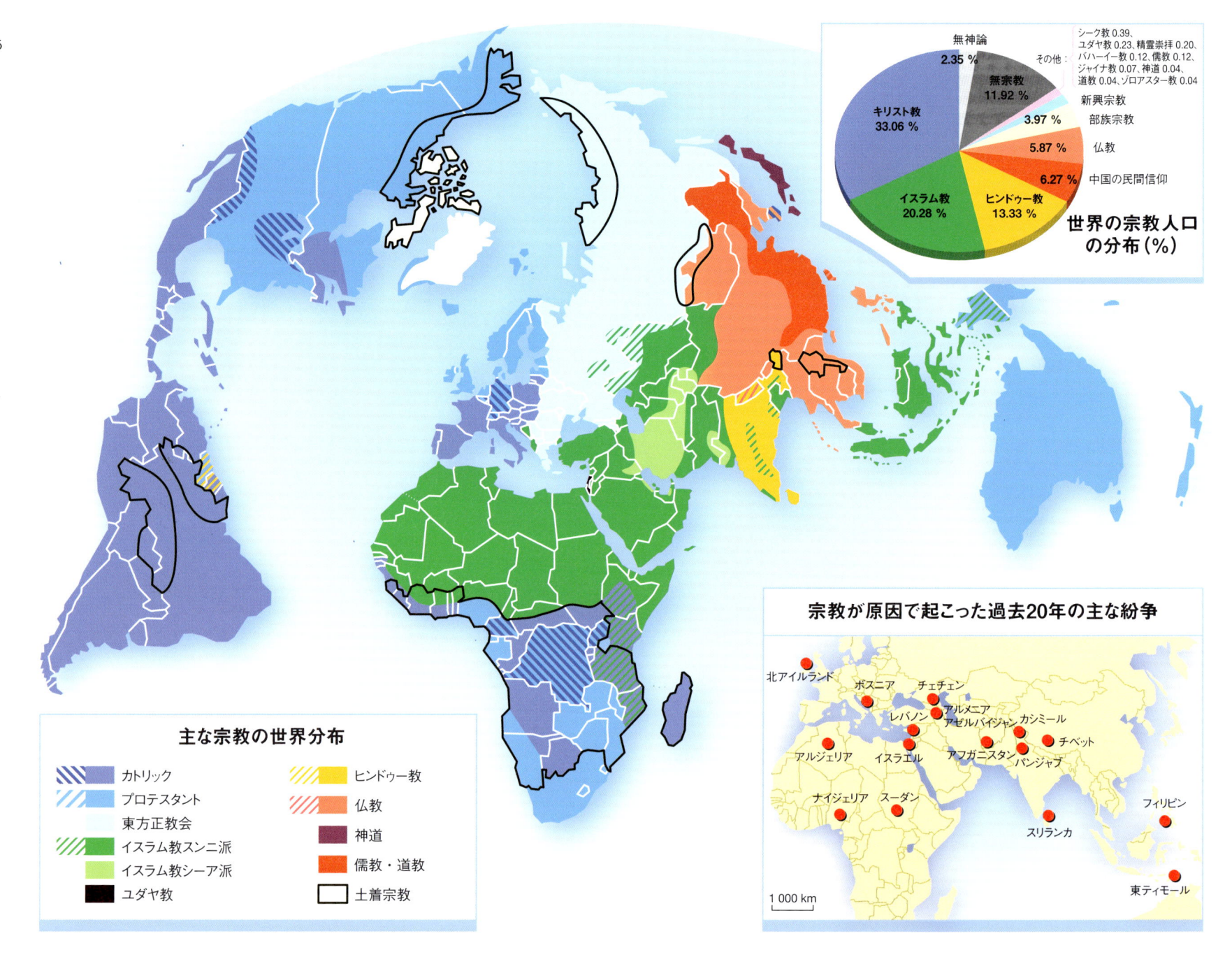

- キリスト教 33.06 %
- イスラム教 20.28 %
- ヒンドゥー教 13.33 %
- 無宗教 11.92 %
- 中国の民間信仰 6.27 %
- 仏教 5.87 %
- 部族宗教 3.97 %
- 無神論 2.35 %
- 新興宗教
- その他：シーク教 0.39、ユダヤ教 0.23、精霊崇拝 0.20、バハーイー教 0.12、儒教 0.12、ジャイナ教 0.07、神道 0.04、道教 0.04、ゾロアスター教 0.04

主な宗教の世界分布

- カトリック
- プロテスタント
- 東方正教会
- イスラム教スンニ派
- イスラム教シーア派
- ユダヤ教
- ヒンドゥー教
- 仏教
- 神道
- 儒教・道教
- 土着宗教

宗教が原因で起こった過去20年の主な紛争

北アイルランド、ボスニア、チェチェン、レバノン、アルメニア、アゼルバイジャン、カシミール、アルジェリア、イスラエル、アフガニスタン、パンジャブ、チベット、ナイジェリア、スーダン、スリランカ、フィリピン、東ティモール

1 000 km

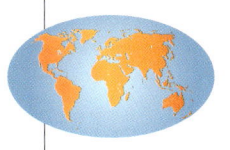

宗教 Religions

有史以来、宗教は社会とその世界観を形成してきた。宗教は人々のアイデンティティ、文化、および文明に関わる現象と密接に関連するのである。したがって宗教は、精神世界における役割だけでなく、政治・地政学的役割をも果たす。ただし平和志向であるか、紛争を起こすものであるかは、時と場所に左右される。

現在、世界で最も普及している宗教はキリスト教（33％）、イスラム教（20％）、ヒンドゥー教（13％）である。
「異教徒」の改宗に努めている宗教もある。その顕著な例は、キリスト教（カトリックの中のいくつかの修道会およびプロテスタントの宗派）やイスラム教である。
宗教は、時が経つにつれて、集団や国家のアイデンティティにおける不可欠な軸となり、文化、言語、民族、国家の領域と重なり合うようになった。宗教戦争と呼ばれる戦争では、これが本当に宗教問題に発するのか、あるいは政治問題によるのか、はたまた階級闘争、部族間の紛争、権力闘争なのかを見分けるのが極めて難しい。政治によって抑圧されたグループは宗教的なアイデンティティにすがることが多いからだ。ソ連支配下にあったポーランド人にとってのカトリック教会、オスマン帝国支配下にあったギリシャやセルビアにとっての東方正教会、ヨーロッパ（特に東ヨーロッパ）そして何世紀にもわたってアラブ世界に暮らしたユダヤ教徒などが例にあげられる。また逆の現象として、ソ連が終焉を迎えるやいなや、東方正教会が再びロシア人のアイデンティティを形成する主要な要素となった。

ヨーロッパの現代史は、各国の君主がローマ教皇の権力から逃れようとし、社会が政教分離によって宗教支配、主にカトリック支配から公私ともに自由になろうとした長い戦いの歴史でもある。

今日、キリスト教世界と同一視されやすいヨーロッパは、世界でも最も宗教色が薄い大陸となっており、その度合いはあまり宗教に染まることのなかった中国と同様である。

反対に、米国やラテン・アメリカ、アフリカ、インド、アラブ・イスラム世界、そしてロシアでは、宗教が生活、さらには政治において強い存在感を発揮している。

サミュエル・ハンチントンの視点は、「文明」が対立するのはおそらく運命的なものであるとしたためさまざまな異論を呼んだ。彼による「文明」の分類方法は、主に宗教を基準としている。

宗教が対立を生むという要素は、イスラム原理主義者が欧米人やキリスト教徒の象徴として「十字軍」を引き合いにして、イスラエル人・ユダヤ人に対して憎悪を口に出すのもはばからない状況に強く表れている。また、それほど強いものではないが、欧米人の中にも、特に米国南部のプロテスタントのいくつかのグループの中には、イスラム原理主義者のみならずイスラム教に対して排他的な態度を示す者たちがいる。

その一方で、イスラエル・パレスチナ紛争はもともと、領土を争うという古典的な紛争が発端だった。それが、時が経ち情勢が悪化するにつれて、紛争が宗教的な要素を帯びてきた。当初はどちらかといえば世俗的であったパレスチナ人の中でイスラム原理主義が台頭している。イスラエルにおけるユダヤ教原理主義も同様だ。

こうして今日起こっている紛争には宗教的な要素がみられるようになった。バルカン、中近東、カフカス地方、中央アジア、インド亜大陸、アフリカの国々における危機は、イスラム教、キリスト教、土着の精霊崇拝が対立の境界となっている。

> 宗教は再び、国家のアイデンティティにおける軸となった。

048

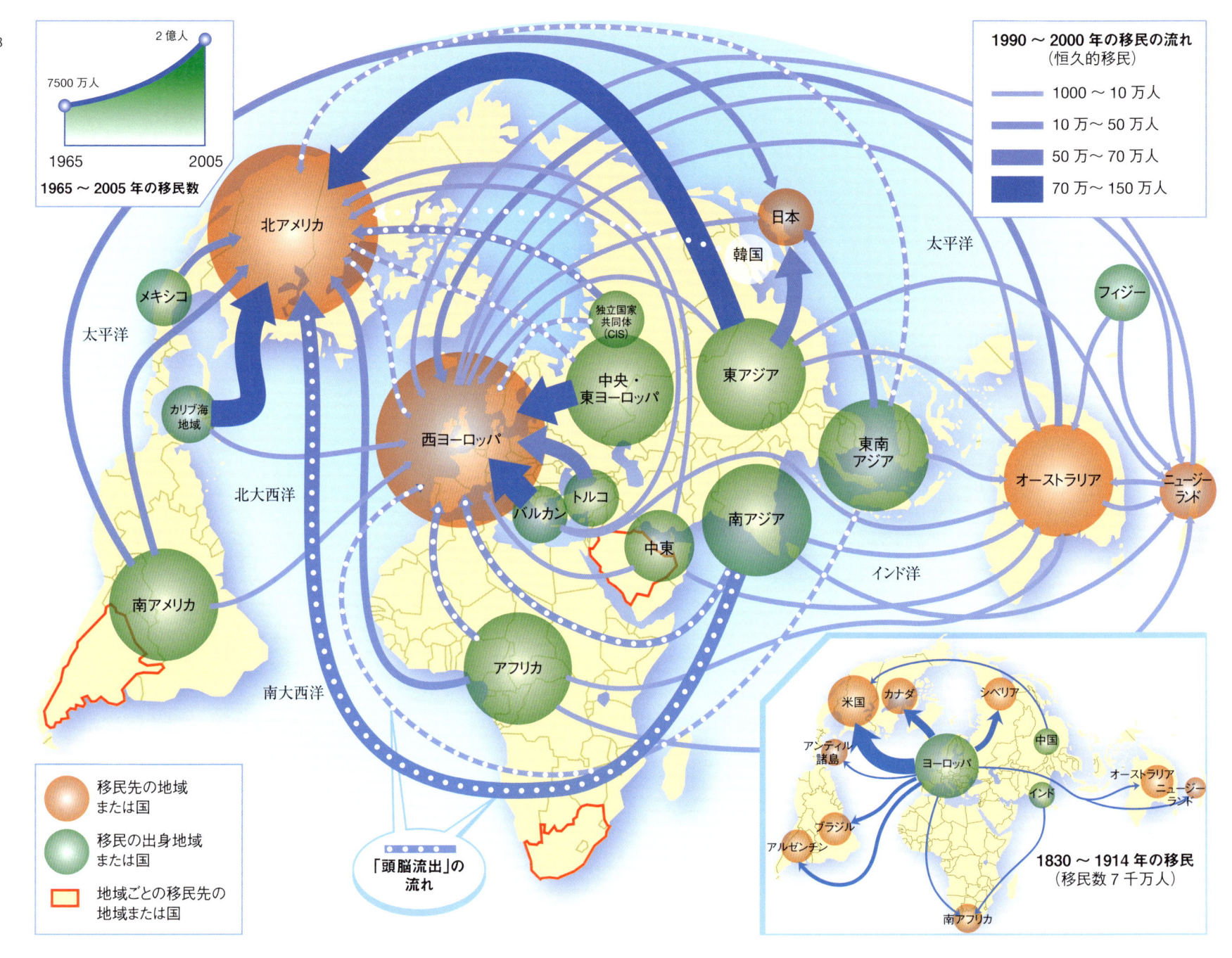

1965～2005年の移民数

2億人
7500万人
1965　2005

1990～2000年の移民の流れ
（恒久的移民）

- 1000～10万人
- 10万～50万人
- 50万～70万人
- 70万～150万人

移民先・出身地域

- 北アメリカ
- メキシコ
- カリブ海地域
- 南アメリカ
- 西ヨーロッパ
- 中央・東ヨーロッパ
- 独立国家共同体（CIS）
- バルカン
- トルコ
- 中東
- アフリカ
- 南アジア
- 東アジア
- 東南アジア
- 韓国
- 日本
- オーストラリア
- ニュージーランド
- フィジー

海洋

- 太平洋
- 北大西洋
- 南大西洋
- インド洋

凡例

- 移民先の地域または国
- 移民の出身地域または国
- 地域ごとの移民先の地域または国
- 「頭脳流出」の流れ

1830～1914年の移民（移民数7千万人）

- ヨーロッパ → 米国、カナダ、シベリア、アンティル諸島、ブラジル、アルゼンチン、オーストラリア、ニュージーランド
- 中国、インド、南アフリカ

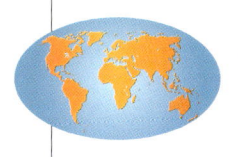

国境を越える移民 Migrations internationales

国連によると、移民とは、別の国に居を定め、そこで少なくとも1年間市民として暮らした人を指す。

中世前期（5～10世紀）の「大侵略（ゲルマン民族の大移動）」とかつて呼ばれた出来事までさかのぼらなくても、国際的な移民現象は3つの大きな時代に分けられる。

16～17世紀、移民の流出は貿易と植民地化の発展と並行して増えていた。商業的な動機（植民地貿易の窓口）あるいは宗教的な動機（布教活動）による自発的な移住がヨーロッパ人の入植運動と植民地侵略に結びついたのである。また、植民地で十分な人口や労働力を保つ必要のために強制的に移民させられる人々もいた。

19世紀の産業化によって移民の流出はさらに加速した。交通輸送網が以前よりも安価になり、移動が容易になったのだ。ヨーロッパの不況や飢餓によって、相当な数の移民がヨーロッパを離れて流出していった。こうして6千万人のヨーロッパ人が19世紀を通じて米国に定住した。19世紀末には、中国人も数多くアメリカに移民した。第1次世界大戦が始まった頃には、移民は世界の人口の5％を占めていた。

だが、移民の流れはその後しばらく減速することになる。第1次世界大戦および1929年の世界大恐慌が、各国で国粋主義的な反応を引き起こした結果、移民の受け入れを以前よりも厳しくしたり完全に拒否したりする動きが生じた。

しかし、1950年代になると、移民の数は再び高い水準へと戻る動きがみられるようになる。1965年、移民の数は7500万人で世界人口の2.3％を占め、2005年にはその数2億人、世界人口の3％を占めた。この期間は、経済的な理由で、主に「南側諸国」が移民を送り出すようになっていた。

19世紀から20世紀前半にかけてと後半以降とでは、移民の流れは逆になった。かつては北半球から南半球、あるいは北半球から北半球であったのが、南半球から北半球、南半球から南半球になったのである。かつて移民を送り出した国々は、移民を受け入れる国となった。移民する人々の主な動機は変わらず経済的なものである。貧困から逃れ、よりよい生活を求めるのだ。

こうした経済移民に加えなければならないのは、紛争の結果、難民になったり他国に移住したりした人々である。2005年、南側諸国から南側諸国への移民（6100万人）、北側諸国から南側諸国への移民（1400万人）、北側諸国から北側諸国への移民（5300万人）を調査したところ、移民の63％が発展途上国に住んでいた人々であった。

米国は、世界一多くの移民を受け入れる国でありつづけている。住民3500万人が国外生まれであり、国内総人口の12％を占めている。

新たに深刻な問題としてあげられるのは「頭脳流出」問題である。高いスキルを持つ労働者は南側にとどまるより北側にいるほうがチャンスに恵まれるからだ。だが、この良質の労働力の流出は、南側の国々の発展をさらに不確かなものにしてしまう。

また、一時的な移民という新しいタイプの移民が多くなっていることにも注目すべきだ。たとえば、先進国の大学に登録する外国人留学生の移住パターンは、南側から北側、北側から北側双方に存在する。

なお、気候変動が原因で、今後数十年は環境移民あるいは環境難民が登場するとみられる。

> 気候変動は、環境移民を生み出すことになるだろう。

050

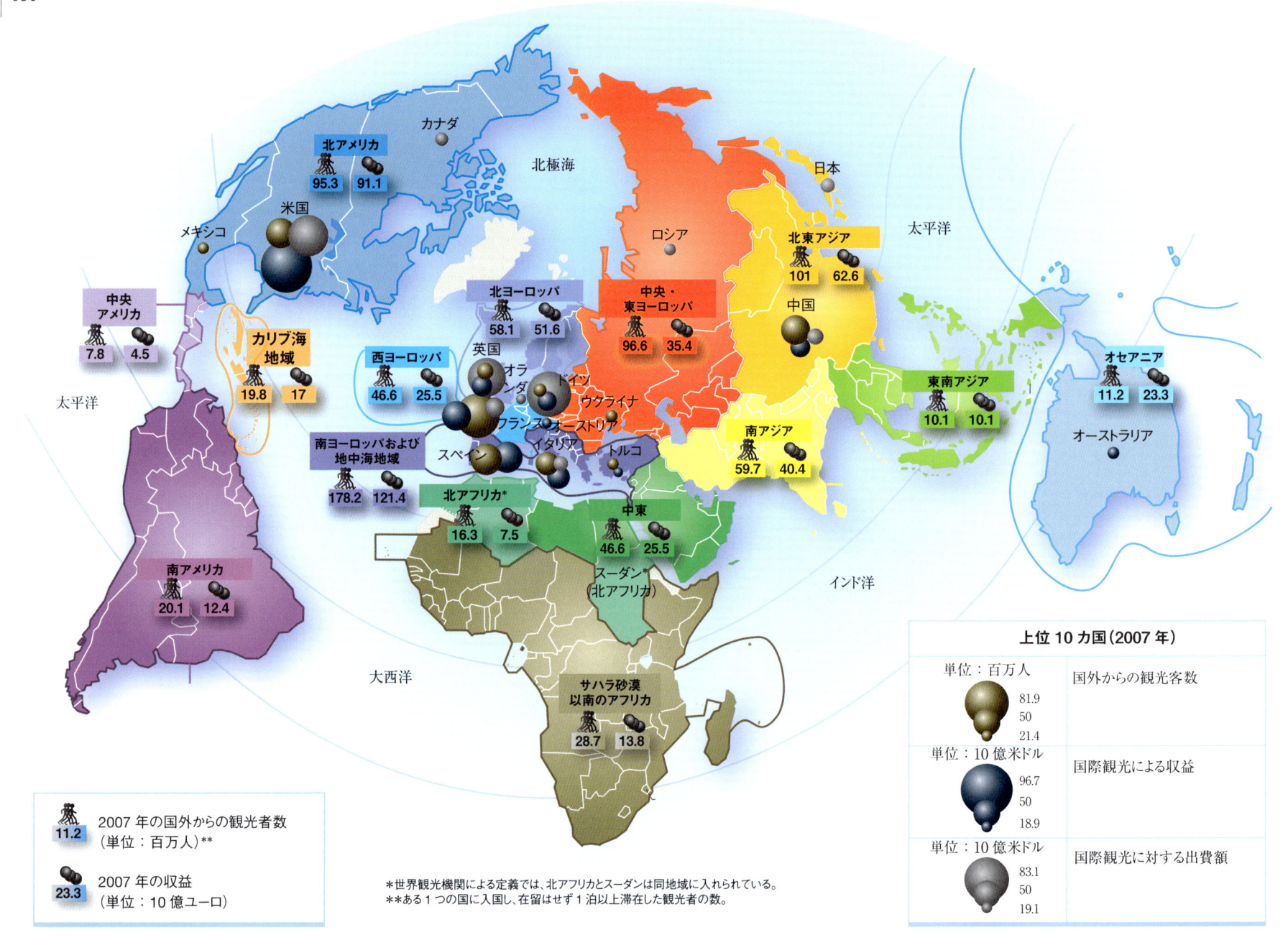

世界地図

地域	2007年の国外からの観光者数（単位：百万人）	2007年の収益（単位：10億ユーロ）
北アメリカ	95.3	91.1
中央アメリカ	7.8	4.5
カリブ海地域	19.8	17
南アメリカ	20.1	12.4
北ヨーロッパ	58.1	51.6
西ヨーロッパ	46.6	25.5
南ヨーロッパおよび地中海地域	178.2	121.4
中央・東ヨーロッパ	96.6	35.4
北アフリカ*	16.3	7.5
サハラ砂漠以南のアフリカ	28.7	13.8
中東	46.6	25.5
北東アジア	101	62.6
南アジア	59.7	40.4
東南アジア	10.1	10.1
オセアニア	11.2	23.3

凡例：
- 2007年の国外からの観光者数（単位：百万人）**
- 2007年の収益（単位：10億ユーロ）

*世界観光機関による定義では、北アフリカとスーダンは同地域に入れられている。
**ある1つの国に入国し、在留はせず1泊以上滞在した観光者の数。

上位10カ国（2007年）

指標	単位	上位/中位/下位値
国外からの観光客数	百万人	81.9 / 50 / 21.4
国際観光による収益	10億米ドル	96.7 / 50 / 18.9
国際観光に対する出費額	10億米ドル	83.1 / 50 / 19.1

観光 Tourisme

　世界観光機関は国際観光について、人々が国境を越えた先で少なくとも24時間、仕事以外の理由で滞在する旅行すべてを指すと定義している。

　20世紀後半になると、観光は大衆的な現象になるまで大きく発展した。交通網の発展、交通費の低価格化、余暇の延長、国境の開放などによって、観光は飛躍的に発展し、世界のグローバル化の一つの要素にまでなった。国際観光客は、1950年に2500万人、1980年には2億8000万人、1990年には4億4000万人と推移し、今日9億人以上を数えるまでになっている。国際観光業は、国内観光業をしのいで、GDP（国内総生産）の11％を占めている。

　観光客の移動パターンは主に北から南へ向かうものであり、移民現象とは逆方向だ。また観光の場合、移民の場合ほど制限を課されない。世界一観光客が多いのは地中海圏であり、全観光客の40％を占めている。中央アメリカとカリブ海諸国などのメソアメリカ、そして中国の大規模な発展の恩恵を受けたアジア・太平洋圏がそれに続く。

　観光はまさに、世界最大の非政府の経済セクターである。貧しい国々にとっても、観光業は重要で不可欠の経済活動だ。発展途上国49カ国のうち46カ国にとって、外貨獲得のための最大の手段となっている。同様に、観光は新興国や先進国にとっても非常に経済的な魅力を持つ産業活動である。観光客を受け入れる側の社会に、財政面でも、人とのつながりという面においても、雇用創出の意味でも、しっかりした効果を直接与えるのだ。だからこそ、2005年のクリスマスシーズンに起きた大津波の後、アジア諸国は、自国にとっての一番の援助とは、観光客が大勢戻ってくることにあると考えたのである。

　観光に流れるお金は、非民主主義的な体制を敷く政権を安泰にしてしまうことになるのだろうか？　いや、一国が観光のために門戸を開くということは、その国の人々を社会的にそれほど統制していないという証明にもなっている。独裁体制が強いほど、外国人が自国内に滞在することを受け入れることが難しくなるからだ。冷戦時代に共産主義国を訪れたごく少数の人々は、一般人と接触したり、最悪の場合反体制派に接触したりしないように、徹底的に尾行され監視されたものである。

　テロの危険性も観光業につきまとう大きな脅威である。テロ活動はその国の外貨収入の手段の一つを襲い、国を不安定にしようと目論んでいるからである。だが、いまや人々は危険に慣れてしまった。そもそもテロはどこにでも起こりうるものであり、西側諸国の都市であっても例外ではない。すでにニューヨーク、マドリード、ロンドンで経験してきたとおりだ。こうしてテロの危険性が社会の一部としてますます当然のように認識されるようになった。

　同様に、衛生に関わるリスク、交通機関の事故、あるいはスポーツ活動やイベントでの事故などは、見た目は地味かもしれないが、実際にはテロよりもずっと危険をはらんでいる。

　また、今後観光業に大きな脅威になるものがあるとすれば、環境を尊重しようとする動きが大きく台頭してくることだろう。観光地も旅行団体も、環境保護に適応しなければならなくなるはずだ。飛行機で大勢が移動するということは、環境汚染や公害の元凶だ。今後、もし航空輸送がエネルギー消費を抑えることができないようであれば、その代償は大きなものとして戻ってくるだろうし、何より地球温暖化に対する戦いの名において異議が唱えられるだろう。

> 観光は最大の非政府経済セクターだ。

052

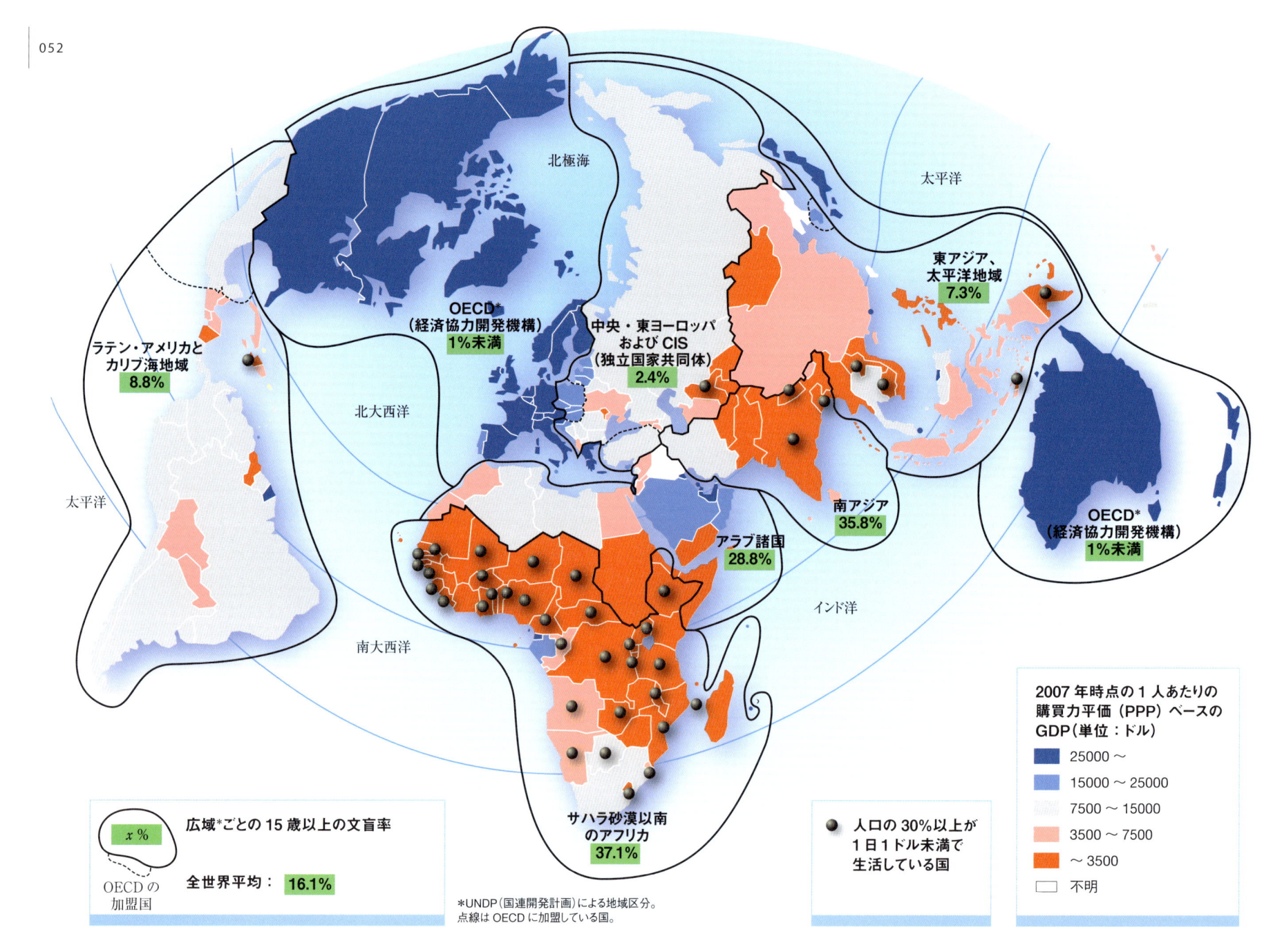

世界地図：広域ごとの文盲率とGDP

広域ごとの15歳以上の文盲率

- OECD（経済協力開発機構）：**1%未満**
- 中央・東ヨーロッパおよびCIS（独立国家共同体）：**2.4%**
- 東アジア、太平洋地域：**7.3%**
- ラテン・アメリカとカリブ海地域：**8.8%**
- 南アジア：**35.8%**
- アラブ諸国：**28.8%**
- サハラ砂漠以南のアフリカ：**37.1%**
- OECD（経済協力開発機構）：**1%未満**

全世界平均：**16.1%**

海洋名：北極海、太平洋、北大西洋、南大西洋、インド洋

凡例

- *x* % ＝ OECDの加盟国
- ● 人口の30%以上が1日1ドル未満で生活している国

2007年時点の1人あたりの購買力平価（PPP）ベースのGDP（単位：ドル）

- 25000～
- 15000～25000
- 7500～15000
- 3500～7500
- ～3500
- 不明

*UNDP（国連開発計画）による地域区分。点線はOECDに加盟している国。

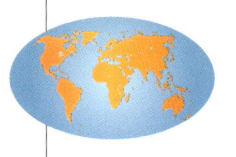

南北格差 Inégalités nord-sud

　たとえ、「第三世界」という表現が30年前と同じような世界共通の意味を持たなくなっているとしても、南北格差は現実として残ったままである。しかし、経済格差は南側同士にも存在する。1970年代、南半球は遅れを取り戻すと考えられていたが、その根拠は純粋に経済発展が年を重ねるごとに順調に進むとみなされていたからだ。そのとおり、経済の発展に成功した国々があり、石油レント（超過利潤）の恩恵を受けている国々もあるものの、裕福な国と貧しい国の間の格差は大きく埋めがたいものとなった。

　産業革命の前は、ヨーロッパ、アフリカ、アジアのどこでも、収入格差は30％以上もなかったが、第1次産業革命によって、最低所得層と最高所得層の間の収入格差が大きくなってしまった。その比率は19世紀末の時点では1対10であったのが、今や1対50にまで広がった。教育、交通輸送機関、保健衛生、国家行政機能など基本的なインフラが備わっていない国では、経済発展する手段がないため、結果として発展に不可欠であるこれらのインフラを備えることができない。いわゆる「貧困の悪循環」である。

　国連開発計画（UNDP）によると、世界で12億人が1日1ドル未満で暮らさなければならず、28億人が2ドル未満で暮らしている。世界で上位15人の富豪の資産合計額は、サハラ以南のアフリカ諸国の国内総生産（GDP）すべてを合わせた額より大きくなる。世界の成人非識字者9億人のうち、98％が南側諸国に暮らしている。米国では幼児死亡率が0.7％であるが、アフリカのマリでは12.6％にのぼる。

　貧困は同様に、疾患における格差という形としても現れている。エイズ患者の95％が南半球に暮らしており、マラリア患者も同様だ。北側諸国の20％の人々が世界のエネルギーの60％を消費している。しかも不平等は国境線の内側、つまり同じ国内でも紛れもなく存在しており、そうした国内格差も広がる一方である。

　南北格差に対して戦おうと、1992年にリオデジャネイロで開催された国連地球サミットで、富裕国は途上国の援助のためにGDPの0.7％を供出することが新たに決められた。2000年9月、国連は「ミレニアム宣言」を発表し、2015年までを目標に、極度の貧困状態を半減させ、幼児死亡率を現状の3分の1まで減らすことを打ち出した。だが、この宣言がそのとおりに実行される可能性は極めて低い。グローバル化は結果として、世界規模では富を増やしたが、それと同時に所得配分における不平等も拡大した。グローバル化によって数多くの人々が、こうした格差が広がっていると認識するようになったにもかかわらず、である。

グローバル化は豊かさと格差を同時にもたらした。

054

人身売買

- 取引の主な流れ
- 供給国
- 経由地
- 移送先

麻薬密売

- 密売先の一帯
- 取引の主な流れ
- コカの生産国
- ケシの生産国
- 大麻の生産国
- 合成麻薬

地名： メキシコ、米国、太平洋、北極海、ロシア、日本、ペルー、コロンビア、ボリビア、北大西洋、EU（欧州連合）、カザフスタン、中国、ラオス、ミャンマー、タイ、アフガニスタン、パキスタン、トルコ、ナイジェリア、インド洋、南大西洋、南アフリカ、オーストラリア、ニュージーランド

犯罪　Criminalité

　世界のグローバル化は、組織犯罪にも利益を与えることになった。インターポール（国際刑事警察機構）は「国境に関係なく一貫した違法行為に関わるあらゆる企てであり、その第1の目的は利益を得ることである」と組織犯罪を定義している。

　かつて拠点を国内、かつ地域に限定していたマフィアは、政府と対峙しつつ、「闇市場」での自分の縄張りを強化するために地球規模で活動するようになった。こうした組織犯罪グループは、世界のグローバル化による急激な変化や国境の開放、規制緩和、世界経済の金融化を有利に活用している。

　イタリアのシチリア・マフィア、日本の暴力団、中国マフィアの三合会、ボリビアあるいはコロンビアの麻薬カルテル、ロシア・マフィアなどは拠点を国内に置きながらも活動をグローバルに広げているが、それら以外にも違法組織が登場している。たとえば、戦闘資金を不正取引で賄っている、あるいは主要な活動そのものが不正取引である腐敗した武装組織やゲリラ組織が例にあげられる。彼らにとっては権力の獲得の目的が、天然資源の略奪や不正取引（石油、ダイヤモンドなど）から得られるレント（超過利潤）を支配することに変わってしまうのだ。

　昔ながらの不法活動（麻薬、武器、ダイヤモンドの不正取引）だけでなく、新たな活動も発展している。たとえば、人身売買（性的奴隷、不法移民など）、金融犯罪、そして規模が大きくなっているのが偽造犯罪などである。また、一種の海賊行為が新たにアジアやアフリカの海上で広がっている。しばしば暴力的であるこれらの活動は、マネーロンダリング（資金洗浄）や、さらにはいくつかの国の政府や政権上層部への贈賄をともなっている。

　国際通貨基金（IMF）の試算によると、不法取引は、10年前には世界のGDPの1％しか占めていなかたにもかかわらず、現在では2〜5％まで増えている。これらの活動を行う組織の中には、国際的な規模で不安を生み出すのに飽きたらず、豊富な資金にものを言わせて、国内でその国の政府や治安組織などと直接張り合うことができるものもある。行政システムや治安組織が脆弱で、かつ（あるいは）腐敗している不安定な政府の場合、彼らにつけいれられる余地は非常に大きくなる。

　2000年12月、パレルモで国際組織犯罪防止条約が締結された。それをさかのぼる1987年には金融活動作業部会（FATF）も創設されている。

　9.11テロ後、テロ組織の資金の流れが注目されるようになった。だが、今のところ、不法活動組織そのものは、国家が成長するよりも早いスピードで効果的に発展しており、時には組織同士で密に協力し合ってもいる。

マフィアは現在地球規模で活動している。

056

米国 1945年
ロシア 1949年
英国 1952年
フランス 1960年
中国 1964年
インド 1974年
パキスタン 1980年代
イスラエル 1960年代

北極海
北大西洋
太平洋
南大西洋
インド洋

北朝鮮
中央アジア
カザフスタン
ベラルーシ
ウクライナ
スウェーデン
シリア
イラク
イラン
アルジェリア
リビア
ブラジル
アルゼンチン
南アフリカ

トラテロルコ条約
(中南米核兵器禁止条約)
1967年

バンコク条約
(東南アジア非核兵器地帯条約)
1995年

ラロトンガ条約
(南太平洋非核地帯条約)
1985年

ペリンダバ条約
(アフリカ非核兵器地帯条約)
1991年

凡例:
- 核兵器を保有するNPT*の署名国
- 核兵器を保有するNPTの非署名国
- 核開発放棄国
- NPTの条約違反が疑われている国
- 核開発中止の交渉のためにNPTを脱退した国
- 地域単位で核放棄を決めた条約締結国および実質的に核放棄を取り決めている国々(中央アジア)

*核拡散防止条約

太字：核保有の時期

核大国　Les puissances nucléaires

　1945年8月6日、広島への原爆投下がきっかけで第2次世界大戦が終結し、新しい防衛戦略の時代が到来した。すなわち核時代である。

　核兵器は戦争と平和という問題を揺さぶることになった。核兵器を持つことは、戦争に勝つことが目的ではなく戦争を避けることが目的だからだ。

　従来型の戦争において損得を計算することによってもたらされた抑止力はもはや意味をなさず、もし核保有国に戦争を仕掛けるならば、その国は完全に破壊されてしまう危険性をともなうのである。

　こうした潜在的な危険性は、戦争によって実際に得られると推測されるものよりも大きく、核の破壊力の大きさはどのような挑発的な態度も抑え込むことになる。

　かくして核の抑止力が平和を保障するようになった。だが同時に、私たちは、核兵器が地球上のありとあらゆる生命体を破壊する可能性があるということも自覚するようになったのだ。

　米国は、長期間核兵器を独占することはできず、望んでいたとおりにはならなかった。1949年にソ連が米国の独占状態を破ったからである。そのときから両大国は核兵器開発において質でも量でも争うようになり、巨大な核施設を続々と増やしていった。抑止力に厳密に必要な分よりはるかに規模が大きくなってしまったのだ。英国は1952年、フランスは1960年、中国は1964年と次々に「核大国クラブ」の仲間入りをする。

　核拡散には2つの型がある。垂直核拡散とは、すでに核を保有している国々で核施設の核兵器や核弾頭の数が増加することを指す。一方、水平核拡散は、核保有国の増加を指す。1970年に発効した核拡散防止条約（NPT）は、核保有大国が核兵器廃絶を目指す条約の締結を交渉すると約束する代わりに、非保有国は今後も核を保有しないと約束することによって核兵器を制限しようとするものだ。

　この条約は不公平であると批判された。自国の安全保障の基礎が核抑止力である国々は、他国が核兵器を取得することによって、国際安全保障問題を再検討せざるを得ないと考える。これらの国々にとって、核兵器保有国が増えるということは、核使用のリスクを倍増させるようにみえるからだ。

　他の3カ国（インド、パキスタン、イスラエル）はNPTに加盟せず、核兵器を保有した。南アフリカは秘密裏に核施設を持っていたが、アパルトヘイト政権が崩壊した際に取り壊した。NPT加盟国であった北朝鮮は、核を保有するために脱退したが、その後核保有計画は後退している。同じくNPT加盟国であるイランは、核不拡散の約束を破ってまで核兵器の保有を望んでいると強く疑われている。

　大量破壊兵器の拡散は、特に西側諸国において、主要な危機の一つであると受け止められているが、これも西側諸国が優位に立っている防衛戦略を劇的に問い直すものとなるかもしれない。バラク・オバマ大統領はすでに、核兵器のない世界についての長期的なビジョンを発表している。これは現実に沿った展望というより、実現不可能な理想論のようにみえる。だが、主要核兵器削減の再開は決して不可能ではないはずだ。

> 核抑止力の目的は、もはや戦争に勝つことではなく、戦争を避けることになった。

058

地域	天然ガス 年数	天然ガス %	石油 年数	石油 %
ロシアおよび中央アジア（ユーラシア）	78 年	32%	40 年	10.6%
アジア・太平洋地域	39 年	8.2%	14 年	3.4%
西ヨーロッパ	24 年	3.3%	10 年	1.4%
北アメリカ（メキシコを含む）	11 年	4.4%	12 年	5%
ラテン・アメリカ（メキシコを含まない）	48 年	3.8%	41 年	8.6%
アフリカ	79 年	7.8%	32 年	9.7%
中東	100 年以上	40.5%	80 年	61.5%

天然ガスの生産国（世界生産量に対する割合）
21.3%、6.5%、3.7%、2.9〜1%、1%未満

地域ごとの貯蔵量（2006年の貯蔵量と生産量から、パーセンテージと年数で換算）
埋蔵量（推測）
2006年の世界総生産量に対する生産量の割合

産油国（世界生産量に対する割合）
8%〜
5.4〜8%
0.8〜5.4%
0.1〜0.8%

地域ごとの貯蔵量（2006年の貯蔵量と生産量から、パーセンテージと年数で換算）
埋蔵量（推測）
2006年の世界総生産量に対する生産量の割合

北極海　太平洋　大西洋　インド洋

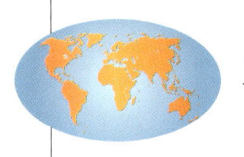

石油と天然ガス Pétrole et gaz

　石油は経済が発展していく上で不可欠なエネルギーの源だ。そして、20世紀は、少なくとも「黒い黄金」すなわち石油の世紀といわれるようになるだろう。

　石油と天然ガスは地球全体のエネルギー需要の60％を占めている。化石燃料資源の埋蔵地域は、地球上で均等に分散してはおらず、地政学的に不安定な一帯に集中していることが多い。石油埋蔵地の65％、天然ガス埋蔵地の35％が中東に集中している。

　産油国にとって、富の源にもなる石油資源を保有しているという事実は、計り知れないほど強い切り札となっている。だが、石油レント（超過利潤）は必ずしも経済発展を約束するものではなかった。石油消費国からの羨望の的になるからである。

　産油国の政治や外交の駆け引きにおける余裕は今日少なくなっている。そもそも、中東が戦略的に不安定な理由の大半が、地下に眠っている富とそれから引き出せる利益にあるのではないかという疑問が提示されることもある。現在、地政学的な原因で起こる国際緊張は、石油や天然ガスがその要因の一つであることが多い。たとえば、イラク戦争、ベネズエラ周辺における緊張、世界に埋蔵されている天然ガスの総量の30％と石油の10％を保有するロシアの大国としての再台頭などが例としてあげられる。

　世界経済を牛耳る欧米・アジアの大国は、世界における新たな中心軸となっているが、ロシアを別にすれば、自国のエネルギー需要を満たせるほどの燃料資源を持っておらず、したがって、外国からの供給に頼っている状態だ。

　世界の総人口の5％を抱える米国は、世界の石油の25％を消費している。このことからも、数十年前から米国がペルシャ湾で戦略的に大きな存在感を示している理由の説明がつく。

　燃料資源を自国のために手に入れようとする争いは、資源を持つ側の供給量が変化せず、むしろ減少する傾向にある一方で世界的な需要が増加している以上、いっそう激しいものとなっている。現在確認されている天然ガスや石油の埋蔵量は今から40〜70年後には尽きてしまうのだ。新たな大量消費国（中国、インド）が登場し台頭してきたこと、地政学的な要因（イラク戦争、イラン周辺の緊張状態）、予測されている埋蔵量の減少などは、燃料価格の一定した上昇傾向（2007年、2008年を除く）の要因となっている。

　1990年代末、石油価格は1バレルあたり14ドルであったが、2008年初頭には100ドルに迫る勢いになった。中国はここ10年で石油消費量を倍にし、自国のエネルギー確保のために米国やヨーロッパと競合するようになった。インドも同様に、自国の経済成長のために石油の大量輸入国になっている。

　1974年の第4次中東戦争の後、OPEC（石油輸出国機構）の加盟国が原油価格を4倍に上げ、一時的な石油輸出の差し止めを振りかざした。だが、たいていの産油国はほかに収入源をほとんど持たないために、消費国と結託してしまった。産油国は消費国に石油を買ってもらわざるを得なかったからである。

　湾岸諸国が自国の経済活動の幅を広げようと試みる一方で、米国は、主な供給元を確保する戦略を維持しながら、石油輸入への依存を減らしたいと考えている。

> 現在、確認されている地下資源は40〜70年後に尽きてしまう。

| 060

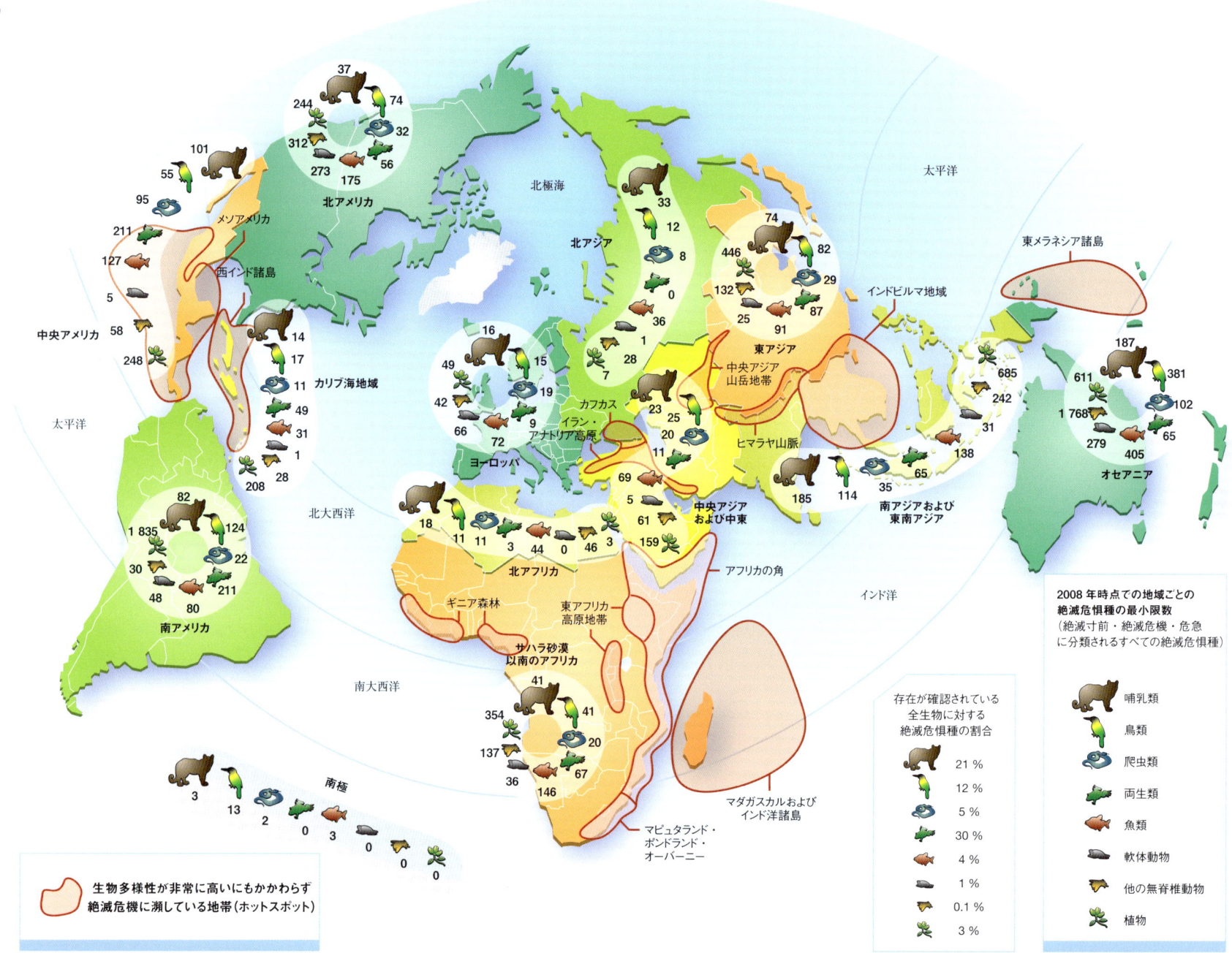

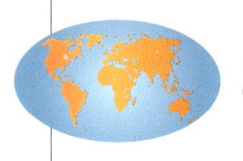

エコロジー問題 Enjeux écologiques

エコロジーという言葉は、人間にとっての暮らしやすさを目的にして、変化する地球の複雑な自然の仕組みをひとくくりにした総称である。もし、人騒がせな科学者たちが正しいのならば、次に続く私たちの子どもや孫の世代になると、地球は暮らしにくくなるだろう。

これは3つの原因が重なる結果である。1つ目は人口爆発の問題だ（1800年には地球の総人口は10億人であったが、2010年には67億人、そして2050年には90億人となって、おそらくその後にやっと人口が減少に転じるとみられている）。2つ目は、特に欧米諸国で、化石燃料と動物性タンパク質（肉や魚）を大量に消費するという都市型のライフスタイルが一般化したこと（すでに世界の人口の50％以上に当てはまり、極めて速いペースで増加している）が挙げられる。そして3つ目があらゆる空間の都市開発が加速していることである。

物質主義で生産性を上げることばかりに熱心な現代社会では、長い間、環境あるいはエコロジーについて心配すること自体、異端であるとか、迷信深い、あるいは懐古趣味であるとみなされていた。風向きが変わ

ったのはつい最近のことである。

① 1988年に国連の枠内で気候変動に関する政府間パネル（IPCC）が結成されて以来、約20年間にわたって、気候変動の問題や地球温暖化に対する恐れが、強迫観念に駆られたかのように人々の不安を増大させている。1992年の国連の枠内で行われた気候変動に関する会議で発表されたリオ宣言は、1997年の京都議定書に引き継がれた。その内容は、1990年時点の温室効果ガスの量の5％を削減するというものであり、2012年までという期限が設けられている。だが、それに真剣に取り組んでいるのはヨーロッパだけである。

2009年12月にコペンハーゲンで行われた、ポスト京都議定書に関わる国連会議では、「国際共同体」は力を合わせることができると思っていたEUが、ほとんど孤立無援の状態になり、産油国と新興国からの反対と、成長をあきらめることなどできないと拒否する米国およびBASIC4カ国（ブラジル、南アフリカ、インド、中国）のやる気のなさに対峙することとなった。

それでも一応大国の部類に入る20カ国が2050年までに気温上昇を2℃以下に抑える目標に合意したものの、どのようなやり方で遂行するか、そして中期目標をどうするかについては細かく詰めることができな

かった。新興国は、二酸化炭素排出を減らすと宣言したとはいえ、外国からの査察は一切拒否したのである。

特にヨーロッパの人々、世論、NGO、政府はみな唖然として、がっかりしてしまった。彼らの多くはIPCCの（というよりむしろ「IPCCの大多数の専門家の」）掲げる主張には従ってきたからだ。したがって、彼らは地球温暖化が確実に起こると信じている。しかも、その温暖化のペースは加速しており、産業革命以降排出されたCO_2（二酸化炭素）すなわち人間の活動が原因で、地球の水位が上昇し、異常気象が起こり、耕作地を別の場所に求めなければならなくなると信じているのだ。狂信的な生産性至上主義や世界経済の金融化に反対する多くの政治勢力は、抜本的な方向転換、すなわち「脱成長」を提案する何年にも及ぶ話し合いにくたびれ果ててしまった。

現実に、科学上の論争はまだ終わっていない。少数派ではあるが温暖化現象懐疑派には、問題が誇張されているように映っている。そのためにかえって、限られた燃料の買い占めが行われるようになり、世界で燃料不足や飢餓といったもっと大きな問題を引き起こすのではないかと考えているのだ。

懐疑派によると、地球の気温を1℃単位で計算しているつもりになっていることこそ、錯覚なのである。彼らは、つい最近まで使われていた過去の計算方法で

人類は向こう20～30年以内に、あらゆる工業生産方法を変えなければならなくなるだろう。

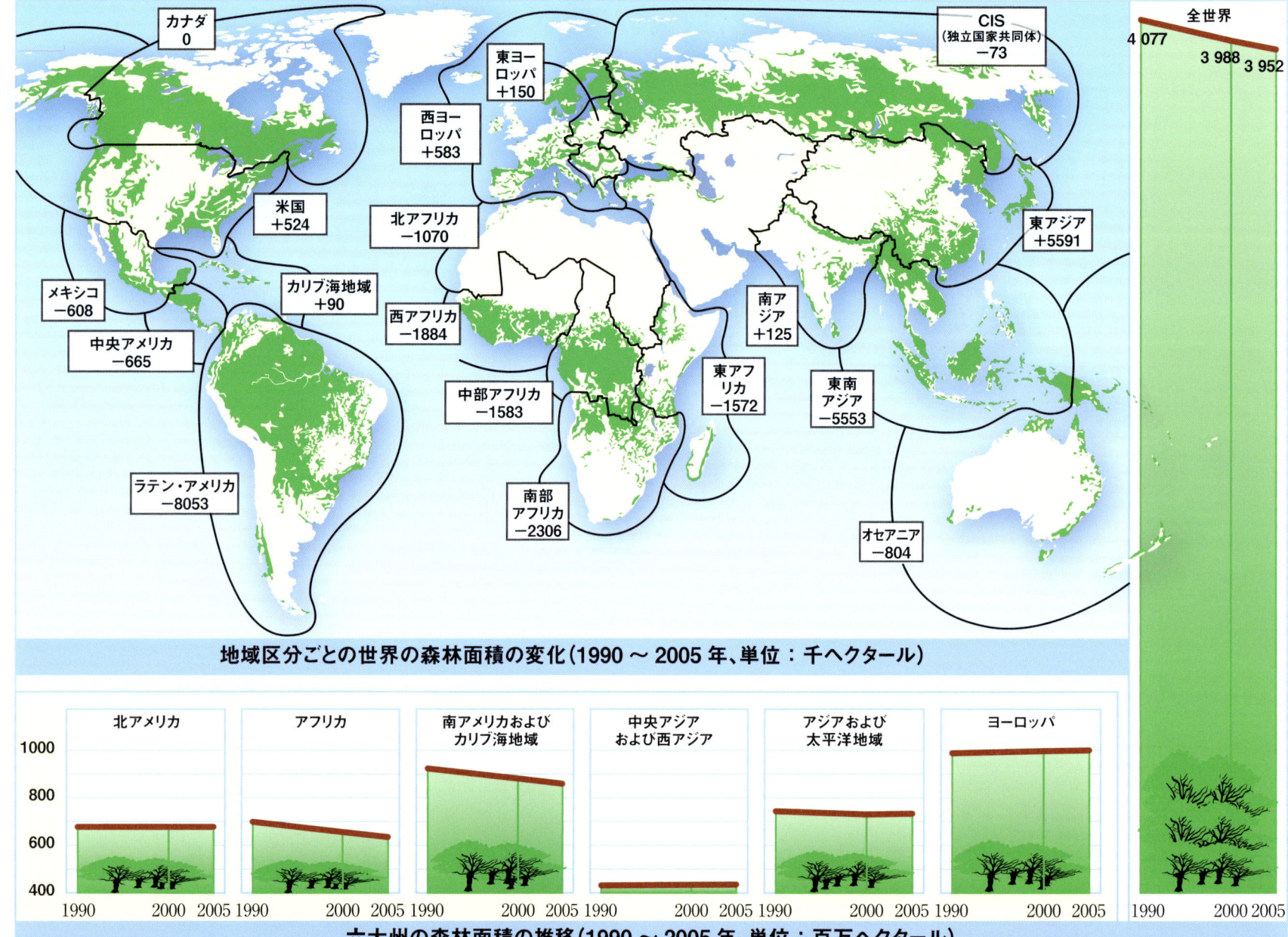

地域区分ごとの世界の森林面積の変化（1990〜2005年、単位：千ヘクタール）

- カナダ 0
- 米国 +524
- メキシコ −608
- 中央アメリカ −665
- カリブ海地域 +90
- ラテン・アメリカ −8053
- 東ヨーロッパ +150
- 西ヨーロッパ +583
- 北アフリカ −1070
- 西アフリカ −1884
- 中部アフリカ −1583
- 東アフリカ −1572
- 南部アフリカ −2306
- CIS（独立国家共同体） −73
- 南アジア +125
- 東アジア +5591
- 東南アジア −5553
- オセアニア −804
- 全世界 1990: 4077　2000: 3988　2005: 3952

六大州の森林面積の推移（1990〜2005年、単位：百万ヘクタール）

北アメリカ／アフリカ／南アメリカおよびカリブ海地域／中央アジアおよび西アジア／アジアおよび太平洋地域／ヨーロッパ

063

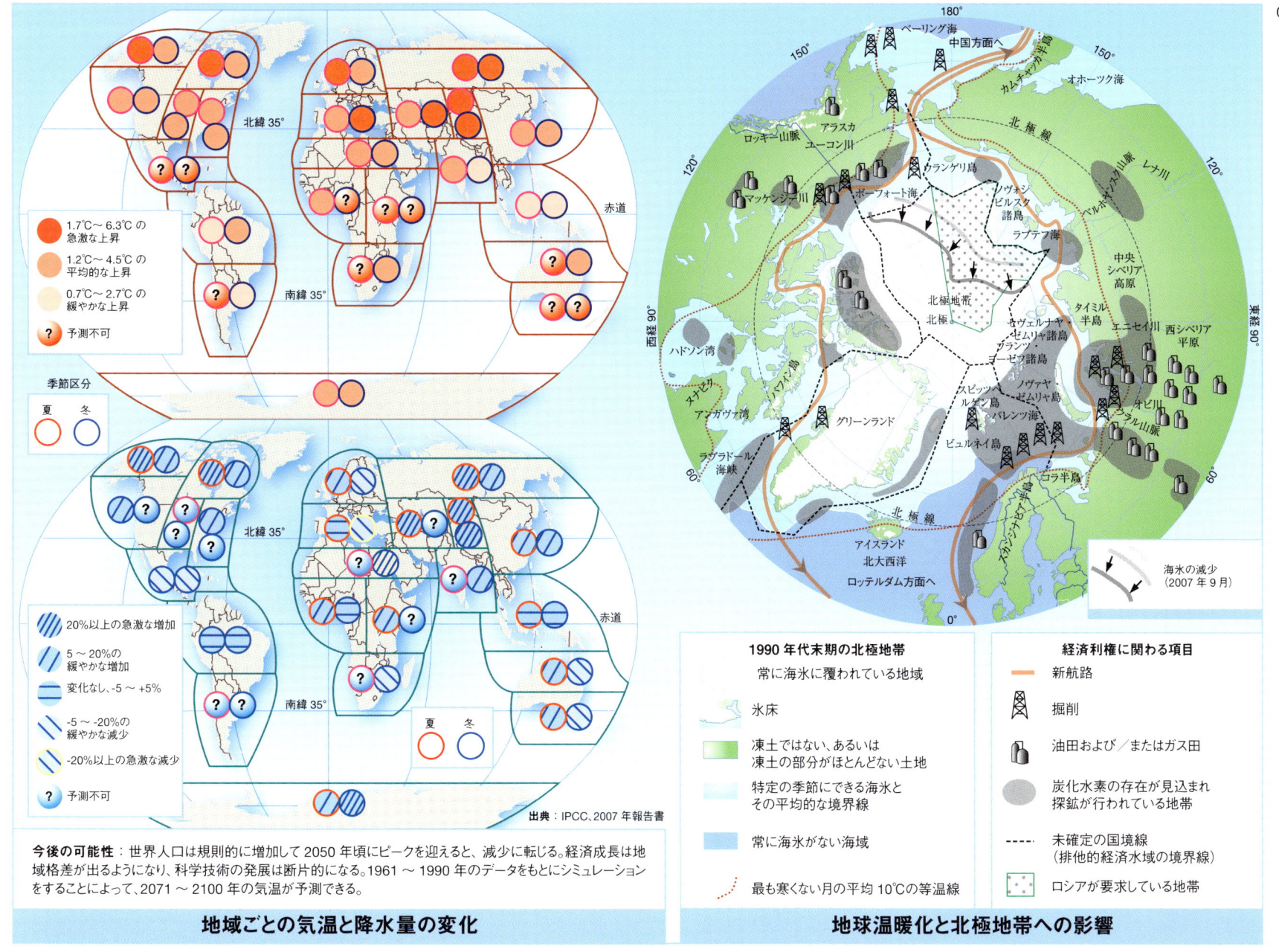

地域ごとの気温と降水量の変化

凡例（気温）
- 1.7℃〜6.3℃の急激な上昇
- 1.2℃〜4.5℃の平均的な上昇
- 0.7℃〜2.7℃の緩やかな上昇
- ? 予測不可

季節区分
- 夏（赤い輪）
- 冬（青い輪）

凡例（降水量）
- 20%以上の急激な増加
- 5〜20%の緩やかな増加
- 変化なし、-5〜+5%
- -5〜-20%の緩やかな減少
- -20%以上の急激な減少
- ? 予測不可

出典：IPCC、2007年報告書

今後の可能性：世界人口は規則的に増加して2050年頃にピークを迎えると、減少に転じる。経済成長は地域格差が出るようになり、科学技術の発展は断片的になる。1961〜1990年のデータをもとにシミュレーションをすることによって、2071〜2100年の気温が予測できる。

地球温暖化と北極地帯への影響

1990年代末期の北極地帯
- 常に海氷に覆われている地域
- 氷床
- 凍土ではない、あるいは凍土の部分がほとんどない土地
- 特定の季節にできる海氷とその平均的な境界線
- 常に海氷がない海域
- 最も寒くない月の平均10℃の等温線

経済利権に関わる項目
- 新航路
- 掘削
- 油田および／またはガス田
- 炭化水素の存在が見込まれ探鉱が行われている地帯
- 未確定の国境線（排他的経済水域の境界線）
- ロシアが要求している地帯

海氷の減少（2007年9月）

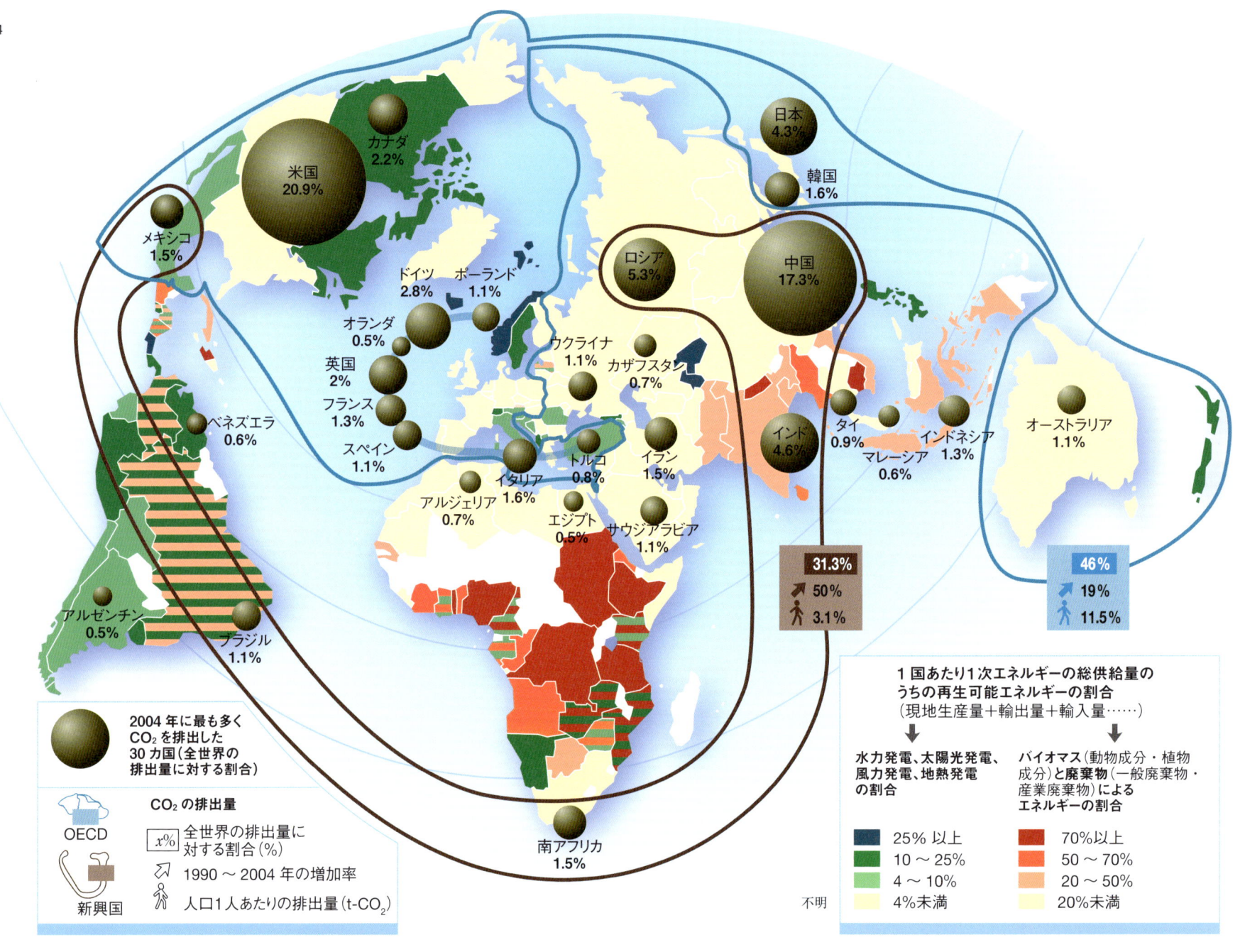

カナダ 2.2%
米国 20.9%
日本 4.3%
韓国 1.6%
メキシコ 1.5%
ドイツ 2.8%
ポーランド 1.1%
ロシア 5.3%
中国 17.3%
オランダ 0.5%
英国 2%
ウクライナ 1.1%
カザフスタン 0.7%
フランス 1.3%
スペイン 1.1%
イタリア 1.6%
トルコ 0.8%
イラン 1.5%
ベネズエラ 0.6%
アルジェリア 0.7%
エジプト 0.5%
サウジアラビア 1.1%
インド 4.6%
タイ 0.9%
マレーシア 0.6%
インドネシア 1.3%
オーストラリア 1.1%
アルゼンチン 0.5%
ブラジル 1.1%
南アフリカ 1.5%

31.3%
↗ 50%
🚶 3.1%

46%
↗ 19%
🚶 11.5%

凡例

2004年に最も多くCO₂を排出した30カ国（全世界の排出量に対する割合）

CO₂の排出量

OECD
新興国

x% 全世界の排出量に対する割合（%）
↗ 1990〜2004年の増加率
🚶 人口1人あたりの排出量（t-CO₂）

1国あたり1次エネルギーの総供給量のうちの再生可能エネルギーの割合
（現地生産量＋輸出量＋輸入量……）

水力発電、太陽光発電、風力発電、地熱発電の割合

バイオマス（動物成分・植物成分）と廃棄物（一般廃棄物・産業廃棄物）によるエネルギーの割合

- 25%以上
- 10〜25%
- 4〜10%
- 4%未満

- 70%以上
- 50〜70%
- 20〜50%
- 20%未満

不明

エコロジー問題
Enjeux Écologiques

算出しても正確な値を出すのは不可能だとして、あらゆる比較を否定する。「世界的な」温暖化現象はしたがって証明できない。近年の気候変動におけるCO_2の影響は大したものではないというのだ（このグループは執拗にIPCCの研究の基礎となる前提や信頼性に対して異議を唱えている）。海の水位の上昇も証明されていない（むしろ太平洋の島々ではサンゴ礁衰退減少がみられる）。したがって、この疑いの余地がないさまざまな気象現象を説明できるのは太陽の活動のみにほぼ尽きるとみなしているのである。

それでも2つの学説は双方とも、化石燃料の消費を少なくし、CO_2排出の抑制が必要だと判断している点においては一致している。まず、再生不可能の原料を節約し、再生可能な燃料を開発する時間かせぎをし、それから、海洋生物の生命を脅かす海の酸化現象を避けるのである。

コペンハーゲン国連気候変動会議（COP15）での「失敗」、つまり、極めてがっかりさせられる結果を受けて、議論が再び沸騰した。IPCCがやり玉にあがる一方、気候変動問題に関して国連で最も重要な調整役であった国連気候変動枠組み条約事務局長が辞任した。国連というあまりにも大きな枠組み（192カ国）で交渉をするのは何の役にも立たないという意見がヨーロッパ側では広がったが、ほかの加盟国や新興国は参加国を制限するようないかなる会議の場も拒否した。翌年2010年にドイツのボンとメキシコのカンクンで再び会議が行われることになった。

②専門家は懸念材料として次のものをあげている。土壌、陸水と深層水、植物、食物、動物や人間などの生物体、および繁華街や住宅街の空気、プラスチック製品に蓄積されて、公衆衛生に脅威を与える（がん、循環器系の疾患、アレルギー）だけでなく人間の生殖機能にとっても危険性（生殖毒性物質）のある大量の化学残留物や殺虫剤などだ。

今のところEUだけが、現在使用されている化学物質を判定し、場合によっては代替となるものと置き換えることを決定したが、10万種類あるうち、健康に対する影響について十分に知られ、判定されているものはたったの1万種類に過ぎない（REACH規則案）。たとえば、化学物質による環境汚染は中国で社会的な大問題となりつつある。

③飲料水不足の脅威は、上記の汚染や、人口爆発、都市の過度な集中化が原因であり、それにともなう水の大量消費によって引き起こされる（次項参照）。

④何年も前から改善する旨を公約に掲げ、2010年は国際生物多様性年であると宣言したにもかかわらず、急速に失われつつある生物多様性については、多くの人々が自分自身の未来と結びつけて考えず、さして懸念を抱いていない。だが、この状況は人類にとって深刻な脅威を予告する兆しである。絶滅の恐れのある野生動植物の種の国際取引に関する条約（ワシントン条約、1973年）とそれ以来発表された公約の数々も、現代生活によって脅威にさらされた種の絶滅のペースを弱めることはほとんどなかった。

環境保護論者のこうした予測が行き過ぎであったり、概算でしかなかったり、間違っていたりしていたとしても、深刻な破壊や欠乏の数々を避けるべく、人類は向こう20～30年以内にあらゆるやり方を変えなければならなくなるだろう。

農業や工業生産方法、交通の利用の仕方、住居の形態、人々の意識やライフスタイルを変えて、環境を食い物にしながら成長するという現在の自殺的なあり方からエコロジカルで無駄の少ない成長、いわゆる「緑の成長」へ移行しなければならない。

もはや緑の成長を実現させるよりほかなく、そのためには驚異的な科学の進歩と、経済界、政界、そして市民レベルでの非常な努力が必要になるだろう。だが、その中のいくつかは技術的に実現が可能になる日も近いように思われる。

066

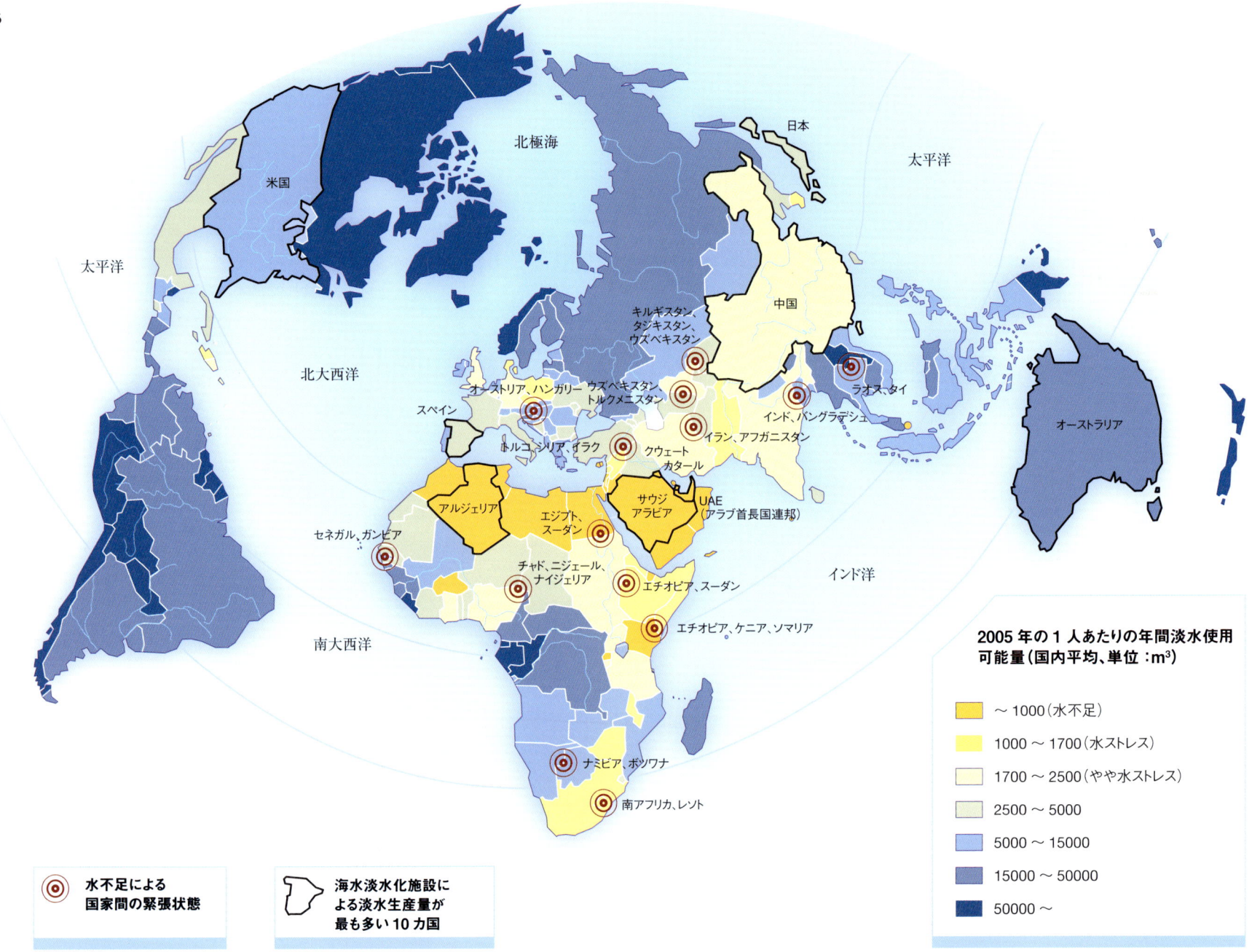

北極海	太平洋
米国	日本
太平洋	
北大西洋	中国
	キルギスタン、タジキスタン、ウズベキスタン
スペイン	オーストリア、ハンガリー ウズベキスタン、トルクメニスタン
	ラオス、タイ
	インド、バングラデシュ
	イラン、アフガニスタン
	トルコ、シリア、イラク クウェート、カタール
	UAE（アラブ首長国連邦）
	オーストラリア
	アルジェリア エジプト、スーダン サウジアラビア
セネガル、ガンビア	
	チャド、ニジェール、ナイジェリア
	エチオピア、スーダン
	エチオピア、ケニア、ソマリア
南大西洋	インド洋
	ナミビア、ボツワナ
	南アフリカ、レソト

2005年の1人あたりの年間淡水使用可能量（国内平均、単位：m³）

- ～1000（水不足）
- 1000～1700（水ストレス）
- 1700～2500（やや水ストレス）
- 2500～5000
- 5000～15000
- 15000～50000
- 50000～

◎ 水不足による国家間の緊張状態

海水淡水化施設による淡水生産量が最も多い10カ国

水　L'eau

　淡水は生活に不可欠だ。世界最古の文明は大河沿い、すなわちティグリス川、ユーフラテス川、ナイル川、インダス川、ブラマプトラ川、黄河、長江沿いに築かれている。

　淡水の水源は世界に均等に分散していないため、いつも水不足や砂漠化現象、塩類集積が起こる。こうした現象は、たとえばメソポタミア文明などいくつかの文明が滅亡したことを説明できるとも考えられている。

　世界全体を見れば、寒冷期よりも温暖期のほうが地球上で循環する水の量は多くなる。というのも、両極の氷床や氷河地帯に溜め込まれていた水が溶け出すからだ。

　今日の水不足問題、というよりむしろ飲料水不足問題は、さまざまな理由で人類にとって脅威となっている。人口増加（2008年は67億人、2050年には推定95億人）と都市部（人口の50％）と沿岸部の人口集中によって、水の需要（都市型生活のほうが農村型生活よりもはるかに多くの水を消費する）と公害が同時に増加することになり、その結果、廃棄物も増えることとなる。農村地帯ならびにほとんどの貧困国では、水質汚染は非常に多くの疾患と高い乳幼児死亡率の原因になっている。

　一般的に、近代化とライフスタイルの西洋化が水の消費の増加と水不足のリスクの増加の大きな要因となっている。たとえば、ラスベガスはロッキー山脈のふもとの3つの州にある水源から水を引いている。そのように水をふんだんに消費する生活様式は、近代化と西洋化の主要な特徴ともいえるのだ。米国人1人が1日に消費する水の量は600リットルであるのに対して、マリ人の場合は15リットルに過ぎない。

　化学製品や殺虫剤に依存して生活してきたために、世界の人口過密地帯や経済的に発展している地域の水源の大部分が、長い期間にわたって汚染されつづけてきた。それは深層水や地表近くの地下水も同様であり、これらの水を処理し浄化する費用は増加している。

　熱帯アフリカと中東、そして中央アジア。これらの中でも最も乾燥している地域においては、人為的なものではなく本来の意味での水不足のせいで、河川や湖など水の所有権と開発利用をめぐる摩擦があり、紛争が起こりかねない状態だ。慢性的な水不足が続くと悲惨な状況に陥り、衝突が現実のものになってしまうだろう。

　現状ではコストが高く、燃料も消費してしまう海水淡水化技術に頼らざるを得なくなる世界の乾燥地帯の国々（中東の首長国やオーストラリア）が増えていくとみられる。

　熱帯地帯に位置することの多い貧困国は、とりわけこの水不足のために苦しむことになるだろう。わずかな収入しか得られない人々は、今後予想される水の値上がりに苦労することになる。

　21世紀は、もっぱら水のために紛争が引き起こされる可能性がある。これまで水の重要性が強調されるような地形の国々では、たとえば、1967年の第3次中東戦争や1989年のセネガルとモーリタニア間の国境紛争のように、実際に紛争が起きている。だが、水をめぐる争いという要素は、当時、数ある紛争の原因の一つとしかみられていなかった。

　飲料水という限られた資源を運用するためには、国レベルでもっと密な協力関係が不可欠になるだろう。

> 飲料水の不足に人類は脅かされている。

068

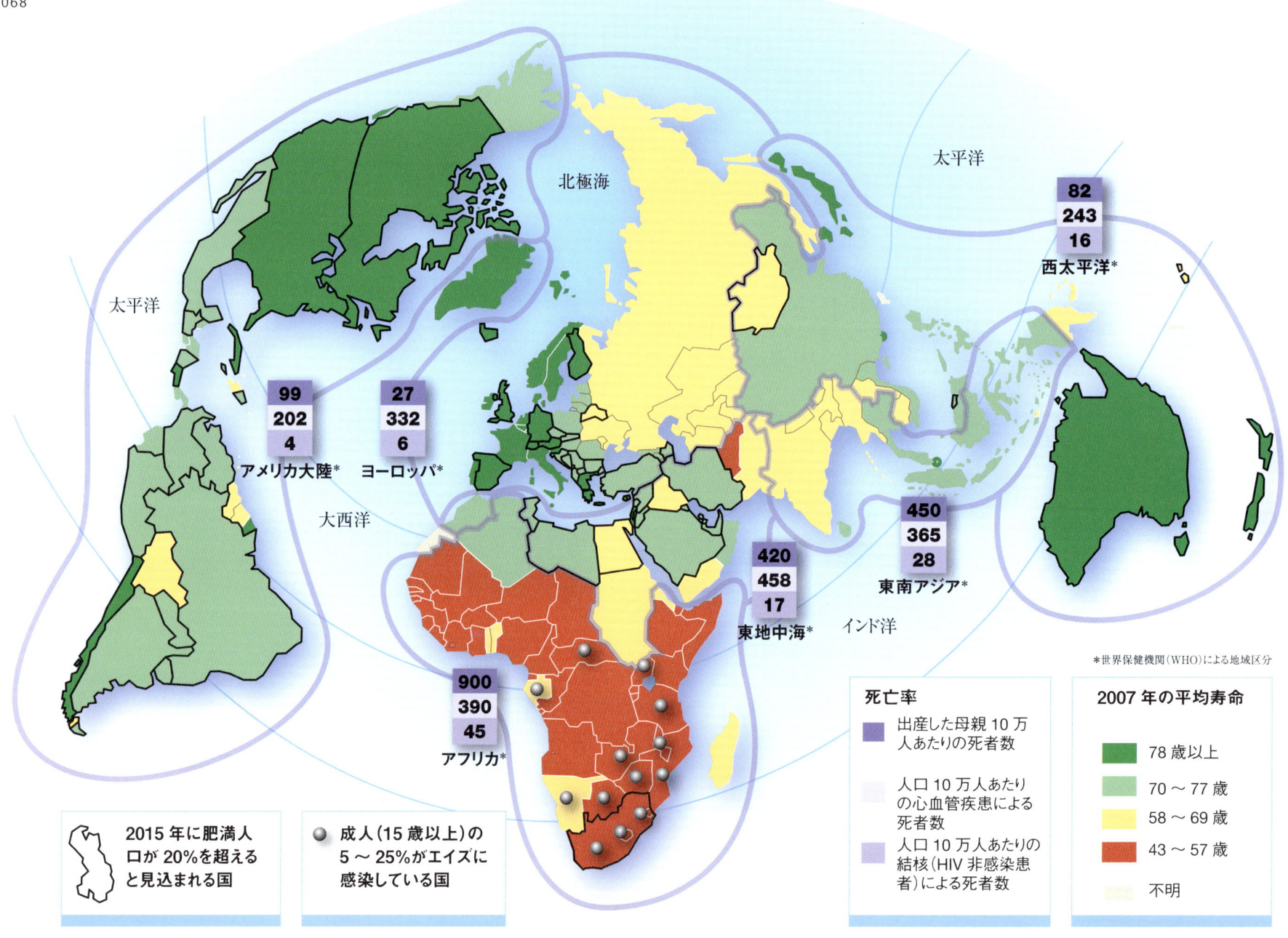

西太平洋*
82
243
16

アメリカ大陸*
99
202
4

ヨーロッパ*
27
332
6

東南アジア*
450
365
28

東地中海*
420
458
17

アフリカ*
900
390
45

太平洋
北極海
太平洋
大西洋
インド洋

*世界保健機関(WHO)による地域区分

死亡率

- 出産した母親10万人あたりの死者数
- 人口10万人あたりの心血管疾患による死者数
- 人口10万人あたりの結核(HIV非感染患者)による死者数

2007年の平均寿命

- 78歳以上
- 70〜77歳
- 58〜69歳
- 43〜57歳
- 不明

2015年に肥満人口が20%を超えると見込まれる国

成人(15歳以上)の5〜25%がエイズに感染している国

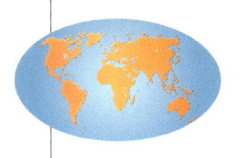

公衆衛生 Santé publique

　医学雑誌『ランセット』によると、世界の公衆衛生に関する指標は、非常に差が大きなものとなっている。特に乳幼児死亡率や平均寿命、健康寿命、感染症や伝染病（マラリア、結核、乳児下痢症、エイズ）の罹患率だけでなく、実際に「パンデミック」が起きた場合の予防や治療、病院や診療所の地域密集度、そして危険な環境汚染や公害に対して人々の健康を守るといった公衆衛生政策がどのようなものであるかなど、国によって大きな違いが現れているのである。

　富裕国では、新生児死亡率や乳幼児死亡率は非常に低い。一方、平均寿命は極めて高く、しかも上昇しつづけている。病気になった場合の治療も病院の設備も質が高い。感染症によって死亡するリスクも非常に低い。したがって、寿命の高さが平均年齢を押し上げることとなり、死因に循環器系疾患やがん、変性疾患が多い理由にもなっている。

　運動不足になりがちなライフスタイルや体によくない栄養の過剰摂取（糖分、塩分、脂肪分、ジャンクフード）は、体重増加や肥満が流行する原因となっており、特にその傾向は米国で顕著であって、先進国、そして新興国にも広がっている。

　それとは反対に、開発途上国（「途上」という言葉は希望的観測であったり、反語的に使われていたりすることが多いのだが）に住む人々にとってはあらゆる不利な条件が重なっている。寿命が短いために、がんや梗塞症で死亡するケースはまれで、栄養失調、さまざまな感染症、欠乏疾患、事故などが原因で死ぬことが多い。

　むろん、国内には必要を満たすだけの治療設備や医療に従事する人材が存在しない。いくつかの国連関連組織（WHO、FAO、UNEP、ユニセフ、WEP）や非常に真剣な人道援助 NGO による国際援助が、先にあげた不足の一部を補っている。

　定義上、「新興国」は富裕国と開発途上国の中間に位置する。豊かさと貧しさが大きなコントラストをなしている 2 つの世界の中間にあっても、そして、エイズ（この伝染病の影響は大きいが、2007 年には少し死者が減少した）がどこよりも猛威をふるっているアフリカにおいてさえも、新興国の平均寿命は延びており、平均年齢も高くなっている。

　現時点での人口学者の予想によると、アフリカの人口は増加し、中国も同様であるが急速に高齢化するという。世界でまだ 20 億〜 30 億人の人々が何らかの治療やケアを必要としている。だが、人類の公衆衛生における問題は、いつかその多くが高齢者問題に関わるものになるだろう。たとえこの先、高齢の始まりとなる年齢が高くなったとしても同じことである。

> まだ世界の 30 億人が
> 何らかの治療やケアを必要としている。

Le monde vu par

第4部

それぞれから見た世界

私たち人間は全員同じ世界に住んでいるが、
同じような見方で世界を眺めているわけではない。
それぞれの国には独自の戦略、不安、目標、歴史、地理と地政学的特徴があるのだ。
国家の関心事は対立するが、それぞれにはそれぞれの言い分がある。
第4部では、戦略的に重要な国の国民がどのように世界を見ているかを紹介する。
戦略全般における方程式では、これらの国々はどのような位置づけなのだろうか？
ここでは誰が間違っているとか誰が正しいとかを判定したり、
指摘したりするようなことはせずに、さまざまな見方を提示するのにとどめておく。

072

地図の凡例

国・地域名:
- ロシア
- 北朝鮮
- 中国
- インド
- カナダ
- 日本
- 米国
- 国連安全保障理事会
- NAFTA
- EU（欧州連合）
- ウクライナ
- グルジア
- イスラエル
- アラブ諸国
- イラン
- メキシコ
- キューバ
- ニカラグア
- パナマ海峡
- ベネズエラ
- サハラ砂漠
- ギニア湾
- ボリビア
- ブラジル
- チリ
- ラテン・アメリカ
- アルゼンチン
- オーストラリア
- ニュージーランド
- 大西洋
- 太平洋
- インド洋

凡例:
- 国連安全保障理事会常任理事国
- 主要な戦略的同盟
- 米中の戦略的対立と経済での相互依存
- NATO加盟国とその同盟国
- NAFTA：戦略的経済地域
- ラテン・アメリカ：優先経済地域
- 戦略的に米国に抵抗あるいは自立主張する国々
- 経済における連携（環大西洋経済評議会の発足）
- 国境越えを防止する「壁」
- 対テロ戦争および大量破壊兵器の拡散に対する戦い
- 米国が警戒している一帯
- 敵対しているが対話を模索している国々
- 「色の革命」支持の動き
- ヨーロッパでのミサイル防衛システム配備に関する外交的緊張
- 重要な石油関連施設がある地域
- 戦況が膠着状態に陥った地域
- 段階的に軍隊を撤退させている地域

米国から見た世界　Le monde vu par... Les Etats-Unis

英国や他のヨーロッパの国々からの移民が英国のアメリカ植民地へ入植したのは、プロテスタントのさまざまな宗派が信教の自由を求めたことや、貧困から脱出したいという思いが動機だった。

やがて課税問題が原因となって、1776年、自由という名のもとに13植民地によって独立が宣言され、連邦制度で結ばれた建国13州となった。その後西部一帯を征服することによって米国は領土を拡大していったが、先住民であるインディアン（ネイティブ・アメリカン）の権利は一切考慮に入れられていなかった。また、ルイジアナのようにヨーロッパ列強から領土を購入したり、メキシコとの戦争などによって領土を手に入れたりもしていく。

モンロー主義を掲げていた米国は、アメリカ両大陸を、たとえばヨーロッパ（スペイン）など外部のあらゆる干渉から守ろうとし、それが後に、アメリカ両大陸に自国の影響力を自由に行使できる結果となった。

建国当初から米国は「自由の帝国」だと自負し、領土の拡大も、国威発揚のためというより自由を推し進めるためとして実行したのである。そして、1848年の米墨（アメリカ対メキシコ）戦争が終わると、「自明の運命 manifest destiny」（訳注：アメリカは北米全土を開発し支配すべき運命を担っているという考え方。後には全世界に自由を広める運命にあると拡大解釈されていく）を声高に唱えるようになっていく。

この概念は米国に世界の文明化という義務、経済的・文化的に拡張していく未来、そして大国になる運命を与えた。奴隷制と先住民の虐殺という負の遺産は顧みられることがなかった。その後、米国はキューバとフィリピンの人々を解放するという名目のもと、没落の一途にあったスペイン帝国を攻撃する（1898年）。スペインとの関係を断ち切った代わりに、米国がキューバとフィリピンに経済的・政治的支配を行った。こうしてカリブ海諸国と中央アメリカは米国の裏庭になった。戦略上重要な通り道となる運河を支配するため、パナマをコロンビアから分離させ、その国家建設にも関与した。

米国は第1次世界大戦から距離を置きたいと望んでいたが、自国の船舶がドイツ潜水艦からの攻撃を受け、海上交通と交易の自由が妨げられると、1917年に連合国側について参戦し、勝利を決定づけた。

ウィルソン大統領は、これまでの列強による不道徳な策略から決別する、民族自決権と道徳主義を根幹に置いた新たな外交政策の基礎を打ち出そうとした。いわゆるウィルソン主義である。だが、孤立主義支持を譲らない米国上院は、ウィルソンが着想を与えた国際連盟への加入を拒否した。したがって、孤立主義を維持するのは不可能だと米国の世論に証明するのに、1941年の日本による真珠湾攻撃まで待たなければならなかったのである。これによりルーズベルト大統領は、ソ連と組んでヒトラーと日本に対して参戦し、戦争に勝利することができた。

米国は第2次世界大戦後にさらに国力を増した唯一の国である。というのも戦死者の数は限られており、本土は爆撃されず、経済は活性化したからだ。

> 米国という国家は世界に不可欠な存在としてみられるようになった。

074

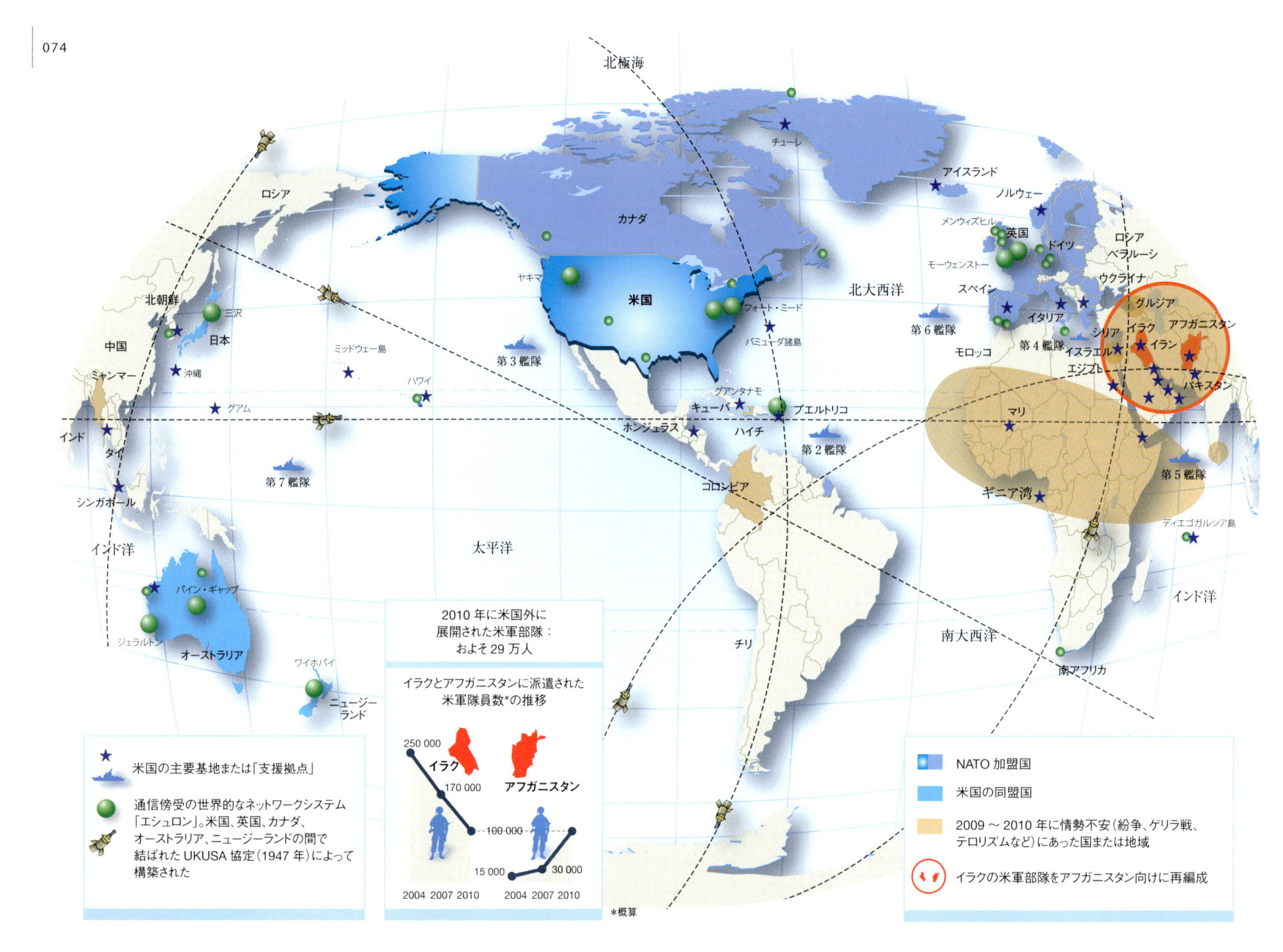

世界地図

凡例（左）
- ★ 米国の主要基地または「支援拠点」
- ● 通信傍受の世界的なネットワークシステム「エシュロン」。米国、英国、カナダ、オーストラリア、ニュージーランドの間で結ばれたUKUSA協定（1947年）によって構築された

凡例（右）
- NATO加盟国
- 米国の同盟国
- 2009～2010年に情勢不安（紛争、ゲリラ戦、テロリズムなど）にあった国または地域
- イラクの米軍部隊をアフガニスタン向けに再編成

中央下のグラフ
2010年に米国外に展開された米軍部隊：およそ29万人

イラクとアフガニスタンに派遣された米軍隊員数*の推移

イラク：250 000（2004）→ 170 000（2007）→ 100 000（2010）
アフガニスタン：15 000（2004）→ 30 000（2007）→ 100 000（2010）

*概算

地図上の主な地名
北極海、ロシア、カナダ、アイスランド、ノルウェー、英国、メンウィズヒル、モーウェンストー、ドイツ、ベラルーシ、ウクライナ、スペイン、イタリア、グルジア、シリア、イラク、イラン、アフガニスタン、イスラエル、エジプト、モロッコ、パキスタン、マリ、ギニア湾、南アフリカ、ディエゴガルシア島、インド洋、第4艦隊、第5艦隊、第6艦隊、北大西洋、南大西洋、チューレ、バミューダ諸島、ヤキマ、フォート・ミード、米国、第3艦隊、グアンタナモ、キューバ、プエルトリコ、ハイチ、ホンジュラス、コロンビア、チリ、第2艦隊、太平洋、ハワイ、ミッドウェー島、グアム、沖縄、三沢、日本、北朝鮮、中国、ミャンマー、タイ、シンガポール、インド、第7艦隊、パイン・ギャップ、ジェラルトン、オーストラリア、ワイホパイ、ニュージーランド

米国から見た世界
Le monde vu par... Les Etats-unis

　ソ連からの挑戦に、政治的にも（共産主義）、地政戦略的にも（ユーラシア大陸の支配）、対峙することになった米国は「自由世界」をリードする役目を果たすよりほかなくなり、ソ連の進出を「阻む」ために、ヨーロッパ（NATO）、中東、アジアにおける世界規模の同盟システムを作り上げた。冷戦中もずっと、道徳に基づいた原則（自由に対する戦い）と国益（世界における指導的な立場になる）が結びついた外交政策をとることになる。

　ソ連の崩壊によって、米国のシステムが政治的にも経済的にも道徳的にもすぐれていることが証明され、もはやこのシステムに優るものは存在しなくなった。米国はこれまでよりもさらに、普遍的な価値を体現しなければならないと自負するようになり、他国が米国に反対を唱えることは、すなわち、米国の価値観を表す自由に敵対するのも同じとみなすようになった。このころ米国は「超絶大国」と呼ばれるようになる。

　2001年9月11日、米国に大きな衝撃が走った。不当に攻撃されたという思いや道徳的にすぐれた国だという自負（だからこそ攻撃されたのだという自意識があった）から、米国はイラクに戦争を仕掛け、圧倒的な軍事力を行使して簡単に勝利を収めた。だが、戦争という手段は政治的には大失敗であり、米国のイメージは深く傷ついた。米国はけんか腰の大国で、しかも巨大な国力を世界全般の利益に役立つことには使おうとしないとみなされたのである。原理原則を唱えるわりには、その原則を尊重したりしなかったりするので、ダブルスタンダードがまかり通っていると非難されるようにもなった。2008年までに米国は、ベトナム戦争時代のように、世界中どこでもといっても過言でないほど不評を買うようになった。

　それにもかかわらず、ほかの大国はいずれも、真の意味で肩を並べるまでには至っていない。危機にあっても、米国社会とその活力、そして外部のものを社会に統合する能力は、他国の人々にとって比類のない魅力を持ちつづけており、バラク・オバマ氏が大統領に当選した後もそれが顕著である。

> 米国は自由の帝国だと自負している。

076

北極

NAFTA

EU（欧州連合）

カナダ

米国

国際連合

アフガニスタン
中国
インド

メキシコ

ハイチ

大西洋

ブラジル

太平洋

インド洋

凡例：

- 北アメリカ域内統合の強化
- EUとの自由経済協定による経済関係の深化
- 新興国との連携
- カナダが属しているイギリス連邦の加盟国
- カナダが属しているフランコフォニー国際機関の参加国

- 国際連合：国連活動の参加（平和維持、テロ対策、海賊対策など）
- 包括的な戦略的関係（安全保障、経済）
- 2011年の軍隊派遣の終了
- 北極地方の主権防衛
- ハイチへの長期的な支援

カナダから見た世界 Le monde vu par... Le Canada

　カナダは英国とフランスはじめヨーロッパと、米国の双方から影響を受けている。1932年のウェストミンスター憲章に基づいて建国した時点で、米国とおおむね対等な立場になったにもかかわらず、とてつもない存在感で台頭するこの隣国からは強い影響を受けざるを得なかった。

　第2次世界大戦直後、カナダは強力な切り札を持っていた。世界第4位の規模の軍事力、世界第3位の経済力を誇っていたのだ。他国に比べれば人口は少なめではあるが、広大な領土もあった。
　NAFTA（北米自由貿易協定）の枠内では、カナダの輸出の87％が米国向けとなっている。両国は、約9000kmにも及ぶ世界で最も長い陸上の国境線を共有している。カナダは1949年のNATO結成当時からの加盟国であり、カナダの北極地方は米国のレーダー監視システム基地に利用されている。

　国際関係のとらえ方、国際法の位置づけ、多極主義について、あるいは戦力に訴える際の法的枠組みなどの面からみても、カナダは米国の考え方よりもヨーロッパの考え方のほうに近い。カナダは威圧的な隣国に対して怒りを表すようなことはできないが、国政レベルでも（米国に吸収されているような意識を持たないようにする）、国際関係においても（多極主義的なアプローチのほうを望むと主張する）、独自性を保ちたいと願っている。

　米国が一極主義を強め、突如として超絶大国になってしまったために、しばらくの間カナダは微妙な立場に置かれた。カナダは多極主義に極めて執着しており、ある大臣経験者は「国連は、ほとんどのカナダ人のDNAの一部をなしているともいえる」と公言するほどであった。そもそも国連平和維持軍は1956年の第2次中東戦争（スエズ危機）の後に、カナダの外務大臣レスター・ピアソンが提唱し創設された。ピアソンは翌年、その業績でノーベル平和賞を受賞するが、それによってカナダ人は外交において自国の存在感を増す最善の方法は多極主義であると確信したのだ。

　カナダはまた、フランス語圏内でも、英連邦内においても、途上国支援に積極的だ。そしてG7サミットの当初からの参加国だ。9.11テロによって、間接的ではあるとはいえ、カナダ人はもはや北アメリカ一帯が誰にも侵攻されない聖域ではなくなったと思い知らされることになったが、それでも米国のようなたぐいの反応をすることに対しては懐疑的なままである。

　カナダは、第2次世界大戦直後に比べると相対的に世界的な地位が下がったことに加え、多極主義の遂行が全般的に危機にひんし、少数の大国への力の集中が進んでいる現状を危惧している。

> カナダとしての独自性を保ちつつ、米国に対して怒りを示さないようにしている。

078

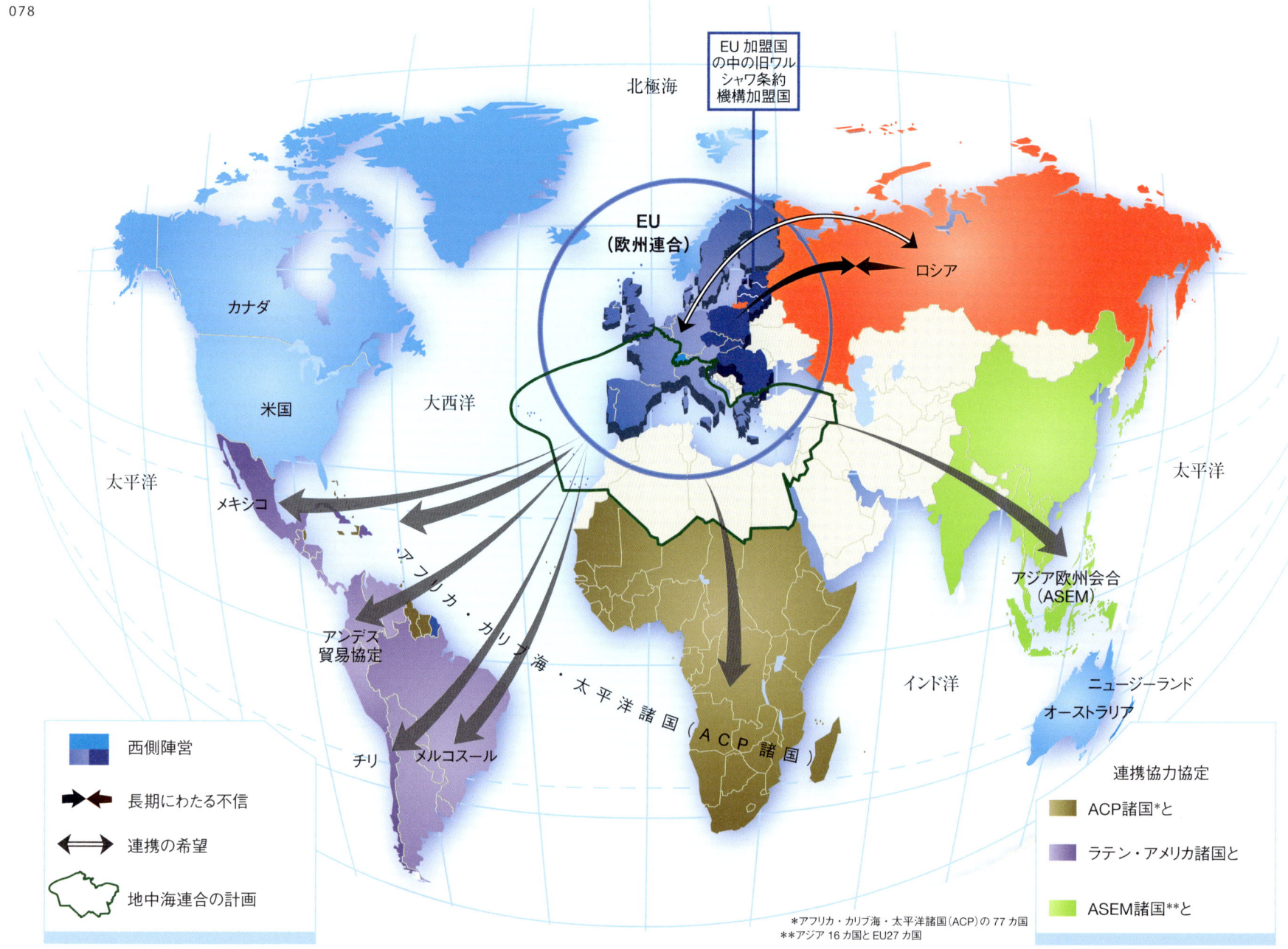

北極海

EU加盟国の中の旧ワルシャワ条約機構加盟国

EU（欧州連合）

ロシア

カナダ

米国

大西洋

太平洋

メキシコ

アンデス貿易協定

アフリカ・カリブ海・太平洋諸国（ACP諸国）

チリ

メルコスール

アジア欧州会合（ASEM）

太平洋

インド洋

ニュージーランド
オーストラリア

凡例：
- 西側陣営
- 長期にわたる不信
- 連携の希望
- 地中海連合の計画

連携協力協定
- ACP諸国*と
- ラテン・アメリカ諸国と
- ASEM諸国**と

*アフリカ・カリブ海・太平洋諸国（ACP）の77カ国
**アジア16カ国とEU27カ国

ヨーロッパから見た世界 Le monde vu par... Les Européens

　第2次世界大戦後、西欧諸国は、ヨーロッパにおけるソ連の独占支配を阻もうとする米国の意思から生じた恩恵を経済的にも軍事的にも受けた。そして、ECSC（欧州石炭鉄鋼共同体）を設立し、ローマ条約を締結し、この平時の状態が覆されることのないようにした。また、欧州共同市場を設立することによって生活水準を改善しようとした。

　2005年に欧州憲法の批准が拒否されるまで、ヨーロッパ諸国の一部のエリート層は、米国から着想を得た一種のヨーロッパ連邦という形態が、それぞれの国家や国民としてのアイデンティティを越えることができるとすら信じていた。ヨーロッパ十数カ国が、フランソワ・ミッテラン（仏大統領）、ヘルムート・コール（独首相）、ジャック・ドロール（仏蔵相を経て欧州委員会委員長）の強い働きかけによって、1990年代初めに統一通貨ユーロのために自国の通貨を放棄した。

　ソ連の崩壊によってドイツ再統一とEU（ヨーロッパ連合）への新たな十数カ国の加盟が実現した後、ヨーロッパ人は、ばら色の時代を過ごしていた。世界は、グローバル市場経済と民主主義のダブル効果で統合に

> これ以上政治的統合を進めていくのはヨーロッパ人の間で同意が得られていない。

向かい、国連が宣言する世界普遍の価値観を実現させる方向へ向かっていた。ヨーロッパは、大国ヨーロッパとして世界に有益な存在になるだろうと思われていたのである。

　数年後、疑問が持ち上がるようになる。ヨーロッパ人は自分たちが世界普遍とみなす価値観が、必ずしも世界的に普遍的だとみなされていないことに気づいたのだ。
　「文明の衝突」が起こりうると認めたくはなかったが、イスラム社会の中心にも欧米社会の中心にも存在する狂信的な小グループが、普遍的な価値観という考え方に対して最悪の政治手法をとろうとしていると理解するようになった。
　ヨーロッパとしては、移民に対しても人道主義の正しさを証明しようと望んでいたが、それに対する各方面からの圧力があまりにも強く、ますます厳しい規制が行われるようになった。
　ヨーロッパは貧困国に援助したいと望んではいるが、新興国の圧力に負けて自分たちの例外的な社会的ステータスを放棄することは望んでいない。自分たちの先祖が何世紀もの間、世界中を探検し植民地化したことは承知しているが、それは過去のことだと考え、今度は民主主義と人権を広めるために、他国に干渉する、あるいは条件付きで援助することによって一定の役割を果たしつづけようと望んでいる。近年台頭してきた

かなりの数の大国は、地政学的にも競合する立場であるが、こうした国々に対して受け身に回ることは想定していないのだ。

　ヨーロッパ人はEU（欧州連合）というあり方にこだわっているが、リスボン条約（2009年12月1日に発効した、EUの基本条約を修正する条約）の枠組み以上に政治的な統合を進めたり（ユーロ圏内は除く）、ヨーロッパを地理的に拡大したりすることは望んでいない。
　その上、21世紀の前半は世界の人口が爆発的に増え、そのことにより相対的に自分たちの存在感が軽くなり、エネルギー不足になるという予測も忘れていない。東側体制が崩壊した1989～1991年直後ほどには、状況を楽観視していないのだ。あまりに巨大な経済と社会を実現するのは環境破壊のリスクがあるためにあきらめているが、現在の生活レベルは維持したいと望んでいる。

　新たに世界で主要な役割を果たすのかどうかはヨーロッパ人次第である。たとえば、EUが27カ国、あるいはそれ以上に拡大し、野蛮なグローバル化を押しとどめる調整役として、多極の中の一極になるのもいいかもしれない。ただ、現在のところ、多極世界の考えられうるすべての軸のうちヨーロッパという軸の未来だけが不確かなのである。

第2次世界大戦後のヨーロッパ

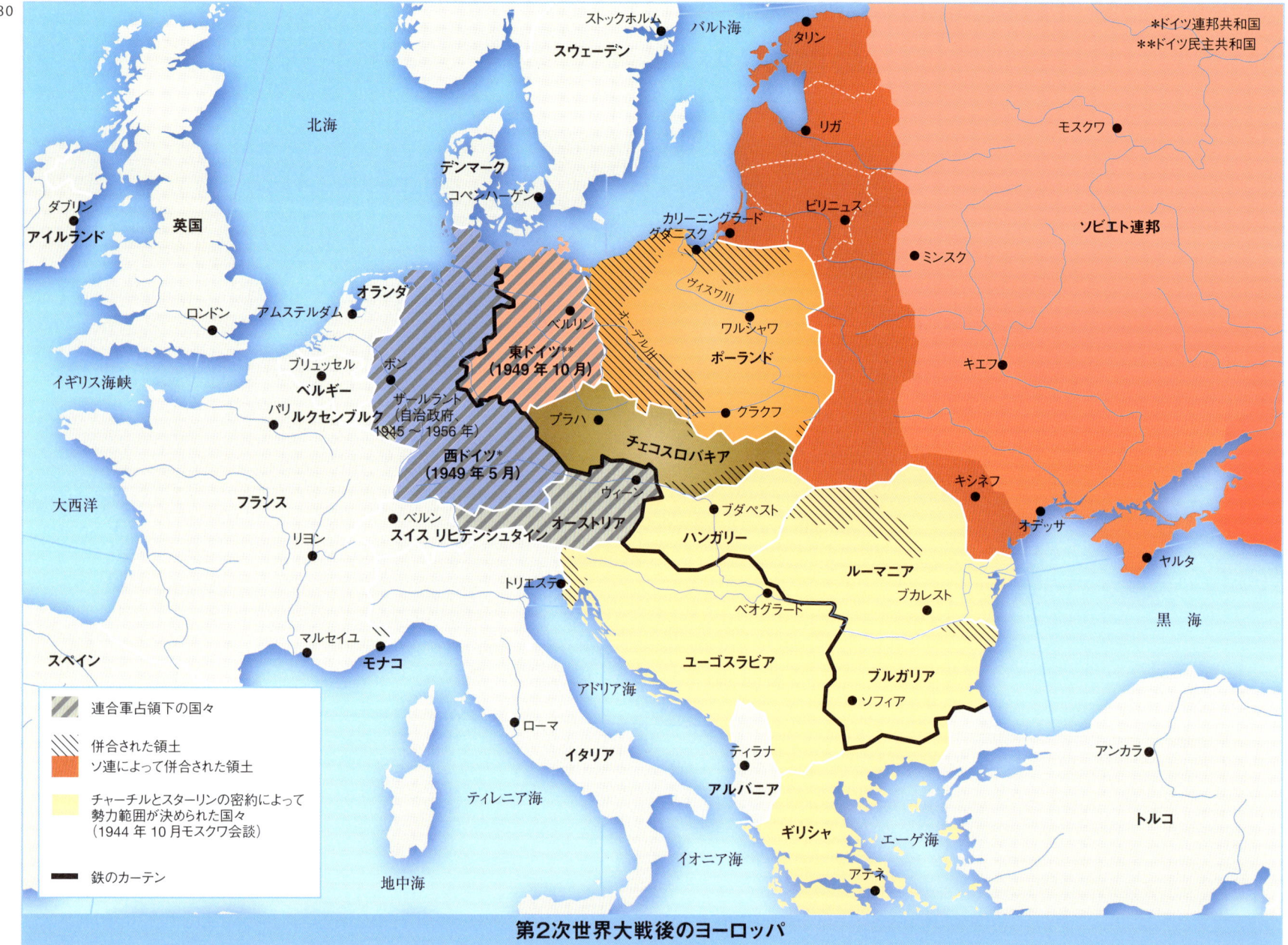

*ドイツ連邦共和国
**ドイツ民主共和国

凡例:
- 連合軍占領下の国々
- 併合された領土
- ソ連によって併合された領土
- チャーチルとスターリンの密約によって勢力範囲が決められた国々（1944年10月モスクワ会談）
- 鉄のカーテン

主な地名:
- アイルランド（ダブリン）
- 英国（ロンドン）
- スウェーデン（ストックホルム）
- デンマーク（コペンハーゲン）
- オランダ（アムステルダム）
- ベルギー（ブリュッセル）
- ルクセンブルク
- フランス（パリ、リヨン、マルセイユ）
- スペイン
- モナコ
- スイス（ベルン）
- リヒテンシュタイン
- 西ドイツ*（1949年5月）（ボン）
- ザールラント（自治政府、1945～1956年）
- 東ドイツ**（1949年10月）（ベルリン）
- オーストリア（ウィーン）
- イタリア（ローマ）
- ポーランド（ワルシャワ、グダニスク、クラクフ）
- チェコスロバキア（プラハ）
- ハンガリー（ブダペスト）
- ユーゴスラビア（ベオグラード）
- アルバニア（ティラナ）
- ルーマニア（ブカレスト）
- ブルガリア（ソフィア）
- ギリシャ（アテネ）
- トルコ（アンカラ）
- ソビエト連邦（モスクワ、ミンスク、キエフ、キシネフ、オデッサ、ヤルタ、カリーニングラード）
- タリン、リガ、ビリニュス

海域: 北海、バルト海、イギリス海峡、大西洋、地中海、ティレニア海、アドリア海、イオニア海、エーゲ海、黒海

河川: ヴィスワ川、オーデル川

その他: トリエステ

凡例	
■	設立国　1957年
■	加盟国　1973年
■	加盟国　1981年
■	加盟国　1986年
■	加盟国　1995年
■	加盟国　2004年
■	加盟国　2007年
■	加盟候補国
■	EUが未承認の加盟申請国（2010年）
€	ユーロ圏諸国

1957～2010年のEU（欧州連合）統合過程

北極海

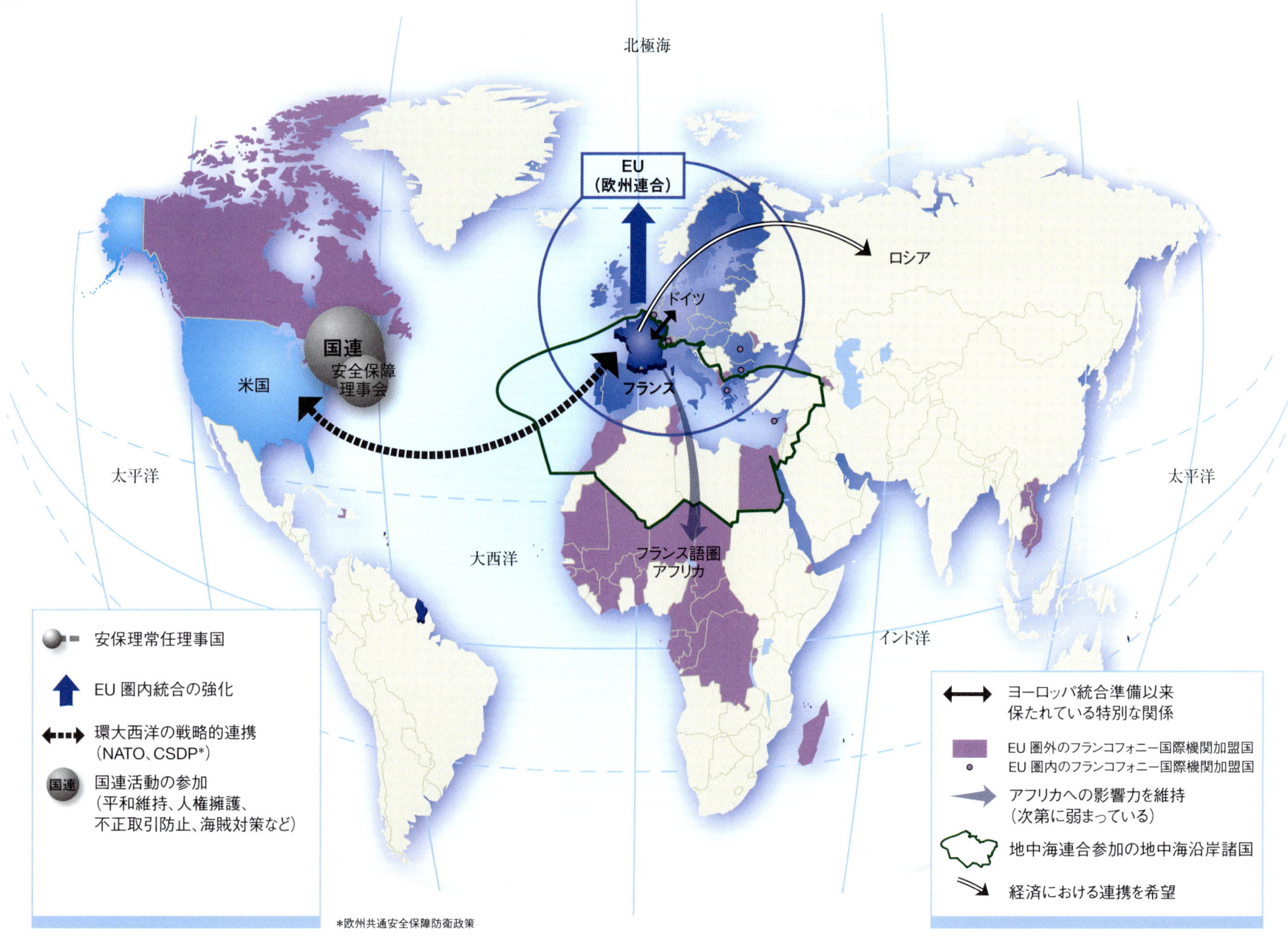

EU（欧州連合）

ロシア

ドイツ

フランス

国連 安全保障理事会

米国

太平洋

大西洋

フランス語圏アフリカ

太平洋

インド洋

- 🔘— 安保理常任理事国
- ⬆ EU圏内統合の強化
- ⬅┅➡ 環大西洋の戦略的連携（NATO、CSDP*）
- 国連 国連活動の参加（平和維持、人権擁護、不正取引防止、海賊対策など）

- ⬌ ヨーロッパ統合準備以来保たれている特別な関係
- ▮ EU圏外のフランコフォニー国際機関加盟国
- ・ EU圏内のフランコフォニー国際機関加盟国
- ➡ アフリカへの影響力を維持（次第に弱まっている）
- 地中海連合参加の地中海沿岸諸国
- ⇒ 経済における連携を希望

*欧州共通安全保障防衛政策

フランスから見た世界 Le monde vu par... La France

ヨーロッパが世界を支配した時代、フランスではリシュリュー（ルイ13世の宰相。絶対王政の基礎を築いた）、マザラン（リシュリューの路線を継承してフランスの勢力を増大させた）、ルイ14世（太陽王と呼ばれ、フランスの覇権を最大化した）が活躍した。人口の多さがそのまま国力であった時代のおかげで、フランスは17世紀後半から18世紀までヨーロッパ随一の大国であった。

ナポレオン帝国時代が、大国フランスの絶頂期であったが、帝国が崩壊すると、あっという間に国力が低下し、入れ替わりで有利な立場に立ったのは英国だった。1871年、ナポレオン3世を敗北させたビスマルクは、リシュリュー以来フランスの政治指導者がたくみに阻止してきたドイツの統一を完成させた。フランスはそのときから新たな迷いの時代に入ることになる。

最初に獲得した海外の領土である北米大陸を軽んじる一方で、アフリカとアジアでの植民地侵略に「文明化の義務」という理屈をつけて、新たな方向性を見いだすようになった。第1次世界大戦ではひどい人的損害を受け、国力が低下してしまう。この、国民が意識していなかった国力の消耗が、1940年5月のナチスに対する敗北と国の崩壊に形として現れることになる。

占領されるという屈辱の記憶は、ド・ゴール将軍や国内のレジスタンスの活動だけでは埋め合わせることができなかった。すでにさまざまな戦争に敗北し、脱植民地化に抗するほどの国家的威信はなくなっていた時期だからこそ、じつはドイツからの解放後、所有していた植民地の重要性は象徴的な意味で増していたといえる。フランスはそこで、自国の威信を大きくし、かつヨーロッパ諸国同士の新たな戦争を不可能にする担保として、ヨーロッパ統合に乗り出す。フランスとドイツの和解は一時、ヨーロッパ統合の原動力となっていた。1962年以降、アルジェリアでの植民地戦争の終結によって、フランスは、国連と多極的な組織における国際協調的な活動にこれまで以上に大きな影響を与えることになった。

1956年の第2次中東戦争（スエズ動乱）の際、米国がこの植民地紛争でフランスを助けることを拒否したという屈辱も相まって、フランス首脳部は、戦略的に自立が可能な能力を高めなければならないと確信した。つまり、抑止力としての核の保持である。

第5共和制時代、フランスの国家戦略は、米国との間に自国の自立志向に役立つかどうか疑わしい同盟関係を続けながらも、フランスが自身の裁量で動ける余地を広げることにあった。したがって、米国・ソ連の二極体制のどちらかを選ぶのではなく、それ以外の選択肢を求めている第三世界の国々と自然な形でのパートナーシップを組むことを求めたのである。

今日、フランスは、自らの歴史を教訓にして外交面で広い視野を持っていることから、国際舞台では特別な役割を果たしつづけていると自負している。だが、自国の価値観の中心に据えていた一極主義的な行動をとる手段はもはや持ち合わせていないこともわかっているのだ。リーダーシップをとることも、フランスならではの役目を果たすことも、多極主義的な枠組みの中でしか実行に移すのは不可能である。フランスは五大陸それぞれに、文化的な影響力と同時に経済的に多様な影響力、そして行動的かつ独自性のある外交活動を維持している。二極体制が終了し、グローバルな世界に突入してからは、フランスの政治首脳部は、ほかの似たような立場の国よりもずっと自身の役割、影響力、手段について自らに問うようになった。自国独自の努力に何が引き続き関わってくるのか、ヨーロッパはどのようになるのか、何を変えるべきなのか、そのままにしておくべきなのかについて疑問を持つようになったのだ。自己への過大評価と過小評価の間を行ったり来たりしながら、現在のフランスは、それでも世界に影響力を及ぼす十数カ国のうちの一つでありつづけている。それにもかかわらず、ぴったりの立ち位置を見つけるのに手間取っているのも事実だ。だが、フランスは積極的で発言力のあるG8、G20の参加国であり、国連安全保障委員会の常任理事国でもあるのだ。

> 自己への過大評価と過小評価の間を行ったり来たりしながら、フランスは自らに問いかけるようになった。

1930年のフランス植民地帝国

- 北極海
- 太平洋
- サンピエール島・ミクロン島
- フランス
- シャンデルナゴル
- ヤナオン
- ポンディシェリ
- トンキン
- 広州湾租借地
- モロッコ
- チュニジア
- アルジェリア
- グアドループ
- マルティニーク
- 仏領ソマリ海岸
- シェイクサイド
- ラオス
- インドシナ半島
- カンボジア
- アンナン
- ギアナ
- フランス領西アフリカ（AOF）
- ジブチ
- マエ
- カリカル
- ウォリス・フツナ
- ガボン
- フランス領赤道アフリカ（AEF）
- コモロ
- ニューヘブリディーズ諸島
- タヒチ
- マダガスカル
- レユニオン
- インド洋
- フランス領ポリネシア
- 大西洋
- ニューカレドニア
- サンポール島・アムステルダム島
- クローゼー諸島
- ケルゲレン諸島
- 南極大陸

085

1954〜1962年のフランス領の非植民地化──2010年フランコフォニー国際機関参加国

非植民地化が行われた時期

独立年
- 1954〜1958年
- 1960年
- 1962年

モロッコ、チュニジア、アルジェリア、モーリタニア、マリ、ニジェール、チャド、セネガル、ギニア、オートボルタ、コート・ジボワール、トーゴ、ダホメ王国、カメルーン、中央アフリカ共和国、ガボン、コンゴ共和国、マダガスカル

1954年独立
- 北ベトナム、ラオス、カンボジア、南ベトナム

凡例:
- フランコフォニー国際機関加盟国
- オブザーバー国

（地図上のラベル）
カナダ、ケベック州、ニューブランズウィック州、サンピエール島・ミクロン島、大西洋、北極海、太平洋、

スロバキア、ハンガリー、チェコ共和国、オーストリア、スロベニア、クロアチア、セルビア、リトアニア、ラトビア、ポーランド、ウクライナ、モルドバ、ルーマニア、ブルガリア、グルジア、ベルギー、ルクセンブルク、フランス、スイス、アルバニア、マケドニア、アルメニア、ギリシャ、キプロス、レバノン、

モロッコ、チュニジア、エジプト、ハイチ、グアドループ、マルティニーク、ドミニカ共和国、セントルシア、ギアナ、カーボベルデ、モーリタニア、マリ、ニジェール、チャド、ジブチ、セネガル、ギニア、ブルキナファソ、コート・ジボワール、ガーナ、トーゴ、ベナン、カメルーン、中央アフリカ共和国、サントメ・プリンシペ、赤道ギニア、ガボン、コンゴ共和国、コンゴ民主共和国、ルワンダ、ブルンジ、コモロ、マヨット、セーシェル、モザンビーク、マダガスカル、モーリシャス、レユニオン、

ラオス、タイ、ベトナム、カンボジア、

ウォリス・フツナ、タヒチ、フランス領ポリネシア、バヌアツ、ニューカレドニア、クローゼー諸島、サンポール島、アムステルダム島、ケルゲレン諸島、インド洋、南極大陸

086

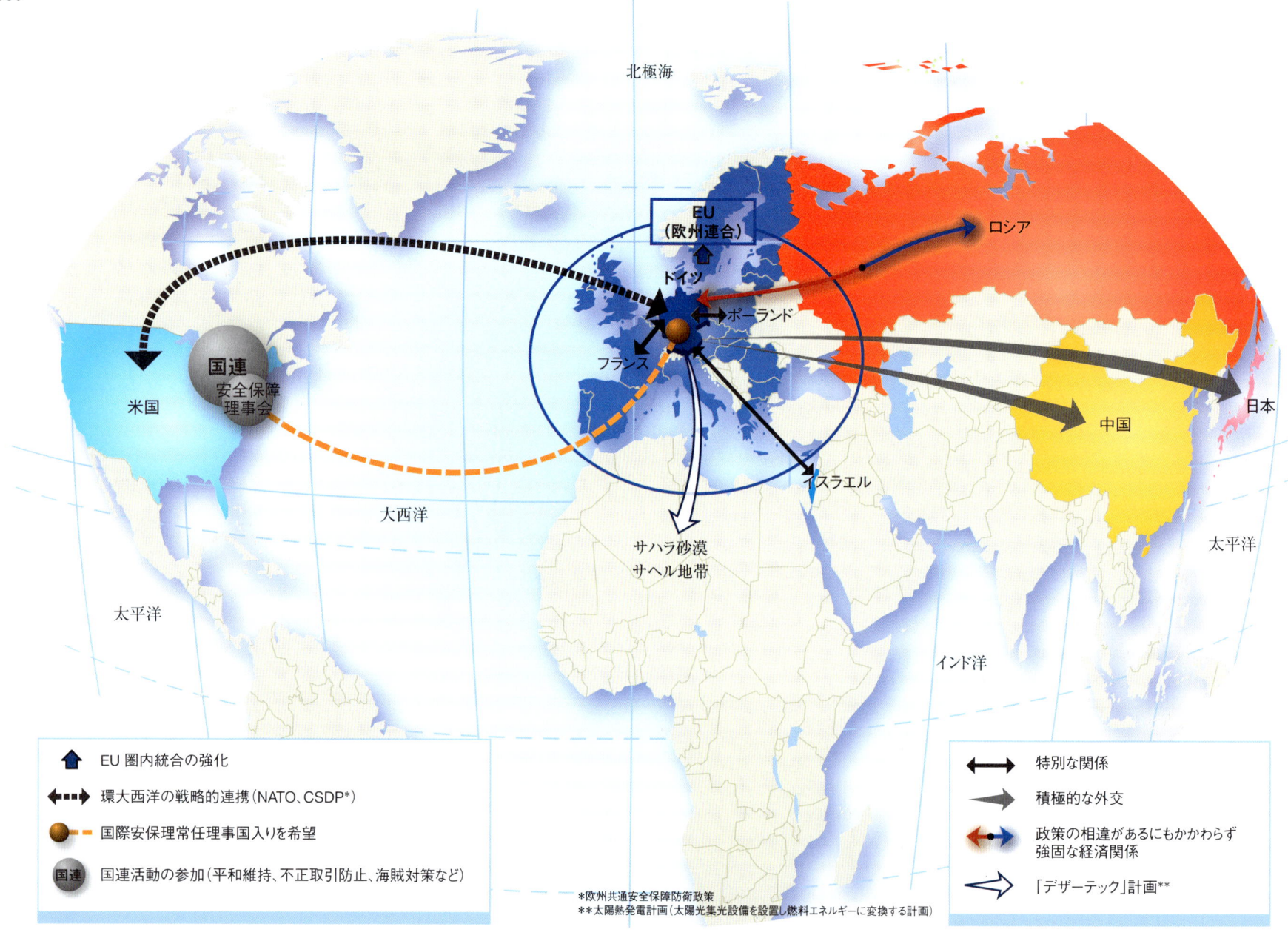

北極海

EU（欧州連合）
ドイツ
ポーランド
フランス
ロシア
イスラエル
中国
日本
米国
国連 安全保障理事会
サハラ砂漠 サヘル地帯

大西洋
太平洋
太平洋
インド洋

凡例：
- ⬆ EU圏内統合の強化
- ⬌ 環大西洋の戦略的連携（NATO、CSDP*）
- 国際安保理常任理事国入りを希望
- 国連 国連活動の参加（平和維持、不正取引防止、海賊対策など）

*欧州共通安全保障防衛政策
**太陽熱発電計画（太陽光集光設備を設置し燃料エネルギーに変換する計画）

- ⬌ 特別な関係
- ➡ 積極的な外交
- ⇄ 政策の相違があるにもかかわらず強固な経済関係
- ⇨ 「デザーテック」計画**

ドイツから見た世界 Le monde vu par... L'Allemagne

　かつてドイツは、数々の王国や公国に分散しており、長い間それが原因で主要な大国として台頭することができず、フランスはそうした状態を維持することに力を注いでいた。そのドイツ統一を成し遂げたのはプロイセン王国首相のビスマルクだ。彼は1862年に首相に任命されてから9年後、1871年にフランスに軍事的勝利を収めて統一を実現した。それ以来、ドイツ帝国は、人口の多さの面でも、工業あるいは軍事面でもヨーロッパを支配する大国としてはっきりと存在感を示すようになった。

　1815年のウィーン会議で確立され19世紀を通して保たれてきたヨーロッパの調和を、大国ドイツの台頭が乱すことになった。ヨーロッパの国々の競争関係は悪化し、同盟を組む組まないの駆け引きが、結果として第1次世界大戦につながったのである。ドイツは連合国に降伏するという屈辱を味わい、もはや死に体であった。そして、戦争の責任と結果を自国だけが負わなければならないのは不公平だと考えた。英国さえも押しのけて世界で一番の大国になろうとしていた矢先に、賠償金を支払い、植民地を奪われ、しかも1929年の世界恐慌で国が破産状態にまで追い込まれたのである。

　そのような時期、ヒトラーはドイツ人の屈辱感と復讐したいという欲望を利用した。1933年の選挙でナチスが第1党になり権力の座に就くと、ヒトラーは特に東方に向かって「生活空間」の征服へとドイツを導くようになる。その根底には反スラブ、反ユダヤの人種差別的な憎悪があった。だが1945年、「千年帝国」と称したヒトラーのドイツは完全な敗北によって消滅した。連合国によるドイツ占領が行われ、英国、フランス、米国3国の管轄地域（後の西ドイツ）とソ連の管轄地域（後の東ドイツ）に二分された。

　米国は西ドイツに民主主義を受け入れさせ、ナチスの犯罪を認めさせ、戦略的に大国になることをあきらめさせた。そしてNATOの一員になり、ヨーロッパ統合を推進し、ソ連の脅威に対して米国の保護を受けることを認めさせた。1960年以降はフランスとの和解が実現し、独仏両国の結びつきはヨーロッパ統合の原動力になった。

　1989年のベルリンの壁の「崩壊」によって東西ドイツの再統一が発表され、1990年に正式に決定した。統一は、ソ連の弱体化の末の消滅が原因で実現可能になり、ドイツに存在感と自己裁量で外交を行う新たな余地を与えることになった。つまりドイツは、EU（欧州連合）や世界の枠内で自国の利益や関心事を以前よりもはっきりと示せるようになったのである。

　1991〜2007年の間に、ドイツは交渉を重ねた結果、欧州議会（785議席のうち99議席）でも、欧州連合理事会（EU閣僚理事会、2017年から18％の投票数配分）でも、一番の発言力を持つようになっている。そして、EU27カ国に欧州憲法の内容を一切改定せずにすむ形でのリスボン条約の批准、受け入れを精力的に働きかけた。

　ドイツは2つの意志に基づいた外交を行っている。まず、フランスやEUのほかの国々、そして米国との関係においては、（2009年にドイツ連邦憲法裁判所の判決でリスボン条約の批准の合憲性が確認されるまで）ヨーロッパ統合を進める意志を明確に打ち出した。一方、ロシアと中国に対しては、以前にも増して、自国のエネルギー資源の確保や産業・経済的利益を守る意志を示している。

> 欧州連合理事会で一番の発言力を持っているのはドイツである。

1815年のプロイセンとドイツ連邦

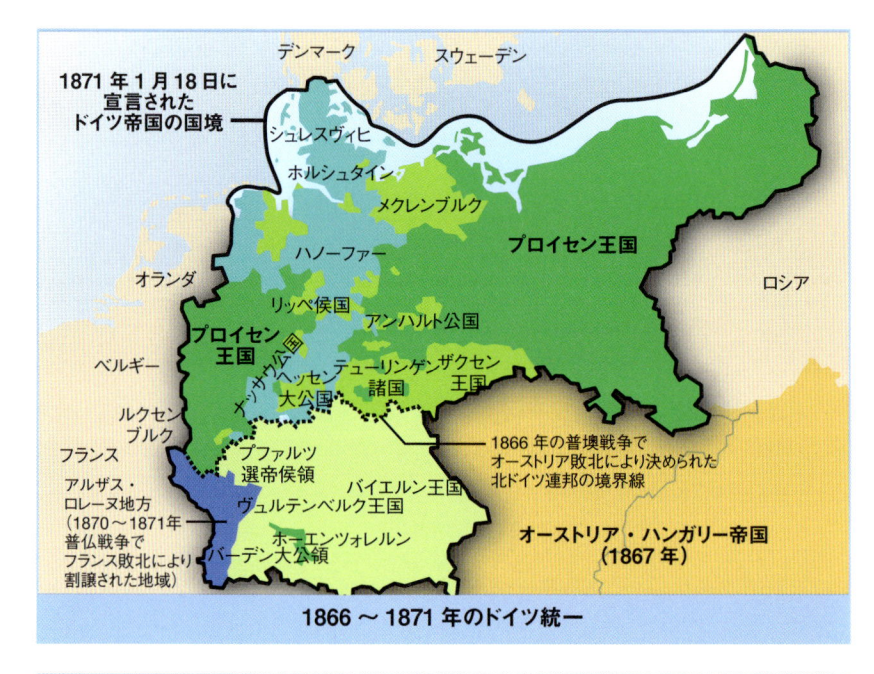

1866～1871年のドイツ統一

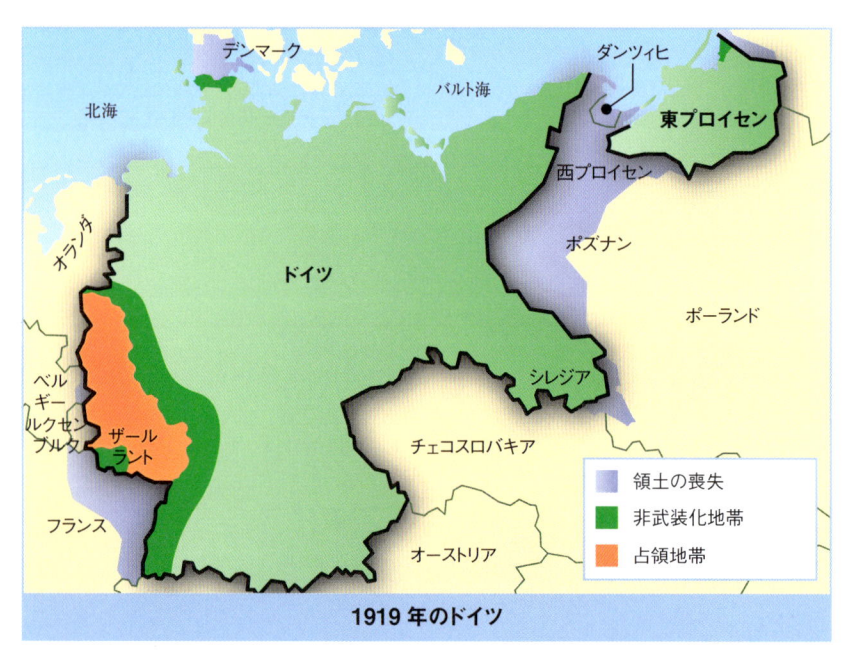

1919年のドイツ

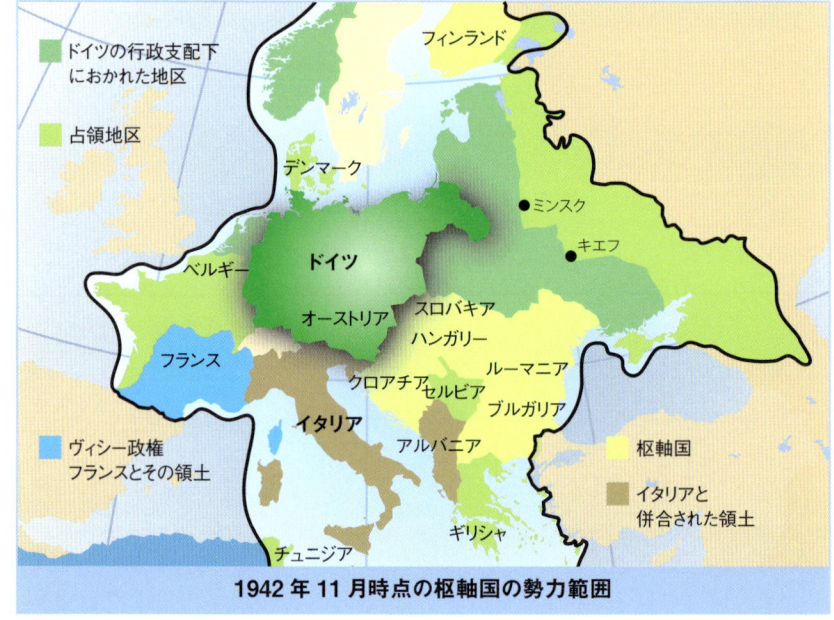

1942年11月時点の枢軸国の勢力範囲

第2次世界大戦直後のドイツ

地図の凡例

- 「鉄のカーテン」
- 米国占領地域
- 英国占領地域
- フランス占領地域
- ソ連占領地域
- 連合軍国際共同管理区域
- 割譲した領土

主要地名

国名・地域： スウェーデン、デンマーク、オランダ、ベルギー、フランス、ルクセンブルク、スイス、リヒテンシュタイン、イタリア、オーストリア、ユーゴスラビア、ハンガリー、チェコスロバキア、ポーランド、ソ連、ドイツ連邦共和国、ドイツ民主共和国、ザールラント自治領（1945～1956年）、ポメラニア、シレジア、マズーリ

海・河川： 北海、バルト海、アドリア海、ヴィスワ川、オーデル川、ナイセ川、ドナウ川

都市： コペンハーゲン、キール、リューベック、ロストック、ハンブルク、ブレーメン、アムステルダム、ハノーファー、ベルリン、シュチェチン（シュテッティン）、グダニスク、カリーニングラード、ビリニュス、ワルシャワ、ヴロツワフ、デュッセルドルフ、ケルン、ボン、ブリュッセル、エアフルト、ライプツィヒ、ドレスデン、プラハ、フランクフルト、ストラスブール、パリ、ニュルンベルク、ミュンヘン、ベルン、ウィーン、ブダペスト、トリエステ

ベルリン東西分断（1945～1989年）

- ベルリンの壁（1961-1989）
- ブランデンブルク門
- 西ベルリン
- 東ベルリン

ウィーン分断（1945～1955年）

- ドナウ川

090

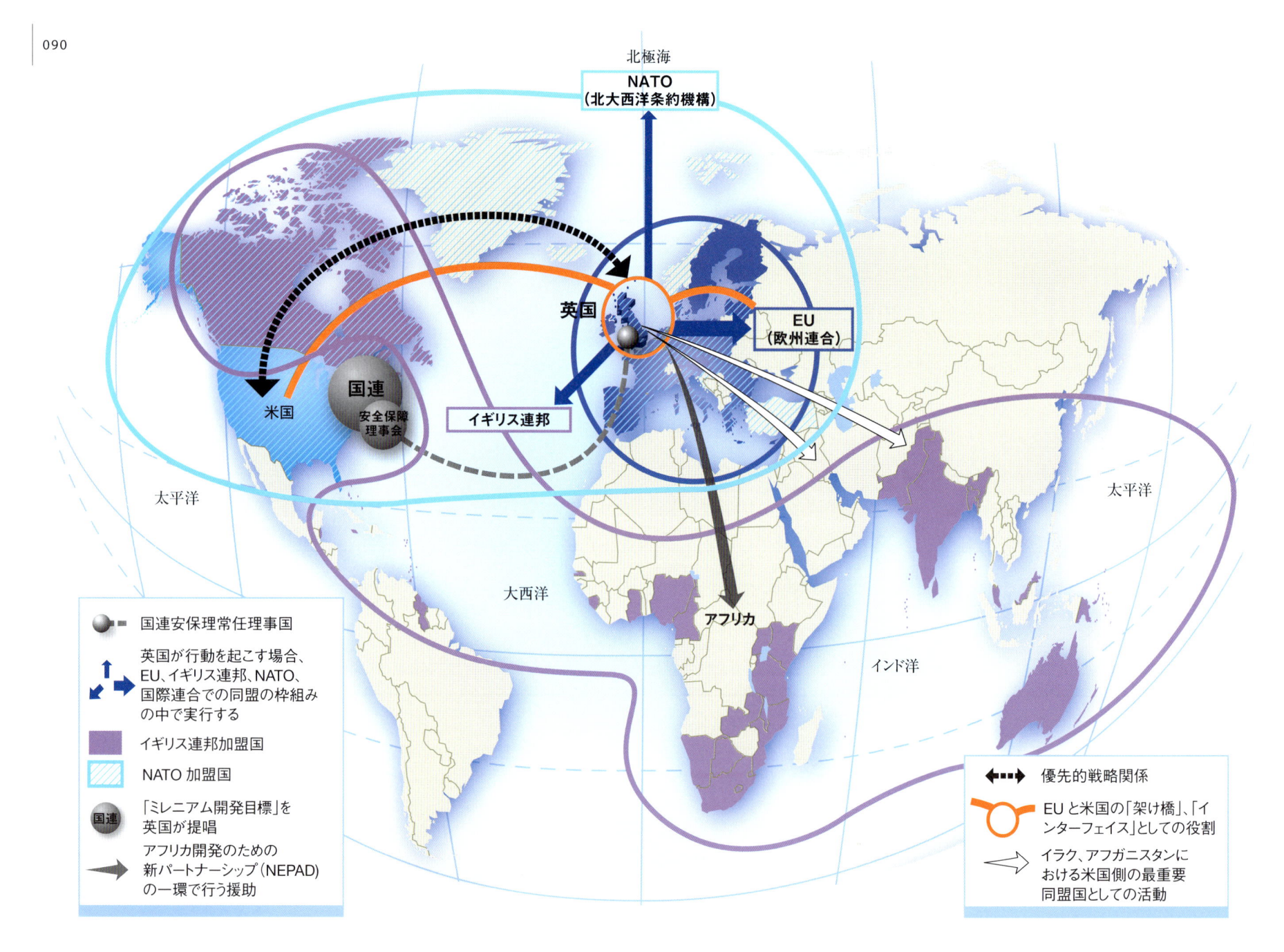

英国から見た世界 Le monde vu par... Le Royaume-Uni

　15世紀の百年戦争での敗北は、英国がヨーロッパ大陸に所有していた領土を失うことを意味していた。そこで英国はアイルランド（1541年）、スコットランド（1603年および1707年の2度）などに進出していくことになる。そして海外まで領土を拡張していった。

　フランス革命の直前には、イギリス王国はアメリカ大陸の植民地を失い弱体化するが、後にその島国であるという特徴のおかげで、ナポレオンの侵略を防ぐことができた。英国は19世紀を通して、介入しない範囲で可能な限りヨーロッパ大陸の大国同士のバランスを保ち、どの国も突出して支配的にならないように目配りしていた。「栄光ある孤立」の時代である。そしてヨーロッパ以外の地域で植民地支配と貿易の拡大を進め、19世紀に世界一の貿易・産業大国となった。当時英ポンドは国際基軸通貨だった。

　英国はドイツの脅威に対処するために、フランスに近づき、1904年に英仏協商を結ぶが、第1次世界大戦が終結すると、自国の優位性が米国によって脅かされつつあることに気づくようになる。そして、長期間かけて弱体化していった末に、植民地を失い、貿易や海運における優位性も失ったことに直面しなければならなくなった。

　そこで、ソ連の脅威を前に、ヨーロッパ大陸の新たな均衡状態を定着させるために、英首相チャーチルはドイツの分割統治にあたり、分割占領地域のうちの一つと国連安全保障理事会の常任理事国枠をフランスに渡した。

　1956年、第2次中東戦争の際、スエズ運河への派兵をやめるよう米国に通告された英国は、もはや自国だけで大規模な戦略的軍事作戦を行う方法はないこと、ましてや米国に逆らうのは不可能であることを思い知らされるのである。

　ヨーロッパ統合については、自国のアイデンティティと利益が次第に消滅してしまうかもしれないという恐れから距離を置くこととし、米国との「特別な関係」を守った。実際、英国は、両国の歴史的な関係、共通の言語とものの考え方、そして自国の首相が米大統領に及ぼせる影響力が、世界規模で自国の影響力の拡大につながるのではないかと願っていた。

　1973年になると、ついにヨーロッパ統合から手を引いたが、英連邦の国々と特定の関係を維持しながらも、ヨーロッパにとっては態度のはっきりしないパートナーでありつづけた。

　その後、イラク戦争を通じて、トニー・ブレア元首相がとった付和雷同的な態度は、米国に盲目的に従っていると受け止められた。米国に対する英国の影響力は幻想であったとはっきりしたのである。

　英国は、同じくこの戦争に加担することになった国々が買うことになった不評に向き合うことになったが、それでもまだ、自国には米国とヨーロッパのほかの国々の間を取りもつ重要な役割があると考えている。ロンドンは世界金融のハブであり、2008年に勃発した大金融危機の後でさえも、その立場を維持したいと望んでいるからだ。

> イラク戦争中、米国に対する英国の影響力は存在しなかった。

1901年時点の英植民地帝国

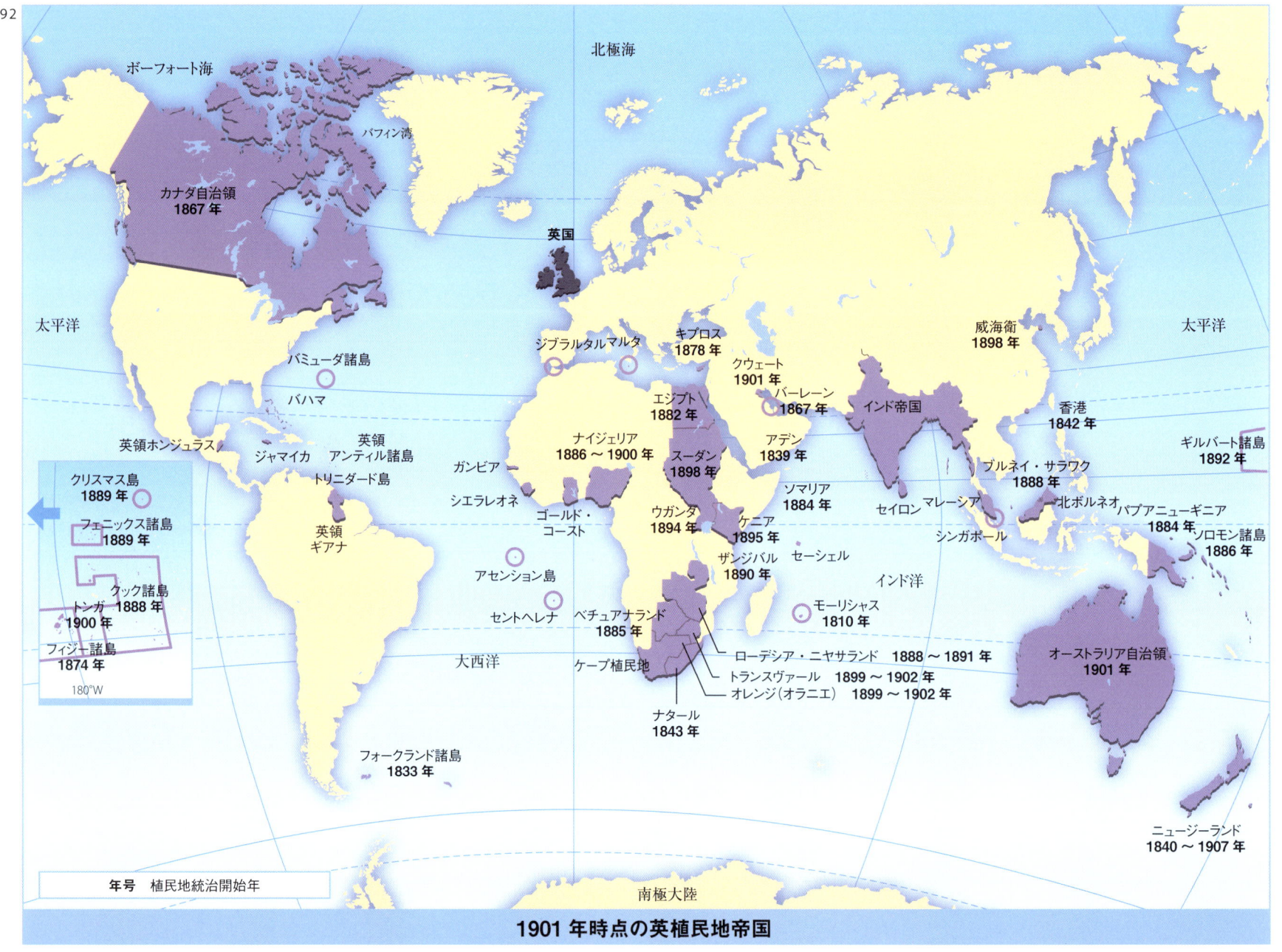

- ボーフォート海
- 北極海
- バフィン湾
- カナダ自治領 1867年
- 英国
- 太平洋
- ジブラルタル
- マルタ
- キプロス 1878年
- 威海衛 1898年
- バミューダ諸島
- バハマ
- エジプト 1882年
- クウェート 1901年
- バーレーン 1867年
- インド帝国
- 香港 1842年
- 英領ホンジュラス
- ジャマイカ
- 英領アンティル諸島
- トリニダード島
- ガンビア
- ナイジェリア 1886～1900年
- スーダン 1898年
- アデン 1839年
- ブルネイ・サラワク 1888年
- ギルバート諸島 1892年
- クリスマス島 1889年
- シエラレオネ
- ゴールド・コースト
- ウガンダ
- ケニア 1895年
- ソマリア 1884年
- セイロン
- マレーシア
- シンガポール
- 北ボルネオ 1884年
- パプアニューギニア
- ソロモン諸島 1886年
- フェニックス諸島 1889年
- 英領ギアナ
- アセンション島
- ザンジバル 1890年
- セーシェル
- インド洋
- クック諸島
- トンガ 1888年 1900年
- セントヘレナ
- ベチュアナランド 1885年
- モーリシャス 1810年
- フィジー諸島 1874年
- 大西洋
- ケープ植民地
- ローデシア・ニヤサランド 1888～1891年
- トランスヴァール 1899～1902年
- オレンジ（オラニエ） 1899～1902年
- オーストラリア自治領 1901年
- フォークランド諸島 1833年
- ナタール 1843年
- ニュージーランド 1840～1907年
- 南極大陸

年号　植民地統治開始年

2010年時点のイギリス連邦

- 北極海
- 太平洋
- 大西洋
- インド洋
- 南極大陸

カナダ 1931年

英国（1931年のウェストミンスター憲章によって、大英帝国がイギリス連邦になった..）

1- アンティグア・バーブーダ 1981年
2- セントクリストファー・ネイビス 1983年
3- セントルシア 1979年
4- セントビンセントおよびグレナディーン諸島 1979年

- バハマ 1973年
- ベリーズ 1981年
- ジャマイカ 1962年
- ドミニカ国 1978年
- バルバドス 1966年
- グレナダ 1974年
- トリニダード・トバゴ 1962年
- ガイアナ 1966年
- キリバス 1979年
- ツバル 1978年
- サモア 1970年
- トンガ 1970年
- キプロス 1961年
- マルタ共和国 1964年
- パキスタン 2008年 復帰
- インド 1947年
- バングラデシュ 1972年
- ナイジェリア 1999年 復帰
- ガンビア共和国 1965年
- ガーナ 1957年
- シエラレオネ 1961年
- カメルーン 1995年
- ウガンダ 1962年
- ルワンダ 2009年
- ケニア 1963年
- モルディブ 1982年
- スリランカ 1948年
- ブルネイ 1984年
- マレーシア 1957年
- シンガポール 1965年
- セーシェル 1976年
- タンザニア 1961年
- ザンビア 1964年
- ボツワナ 1966年
- マラウイ 1964年
- モーリシャス 1968年
- ナミビア 1990年
- モザンビーク 1995年
- スワジランド 1968年
- 南アフリカ 1998年復帰
- レソト 1966年
- ナウル 1968年
- パプアニューギニア 1975年
- ソロモン諸島 1978年
- バヌアツ 1980年
- オーストラリア 1931年
- ニュージーランド 1931年

凡例:
- イギリス連邦加盟国＆加盟年
- 英連邦王国（女王エリザベス2世を国家元首として認めているイギリス連邦加盟独立国家）

180°W

地図

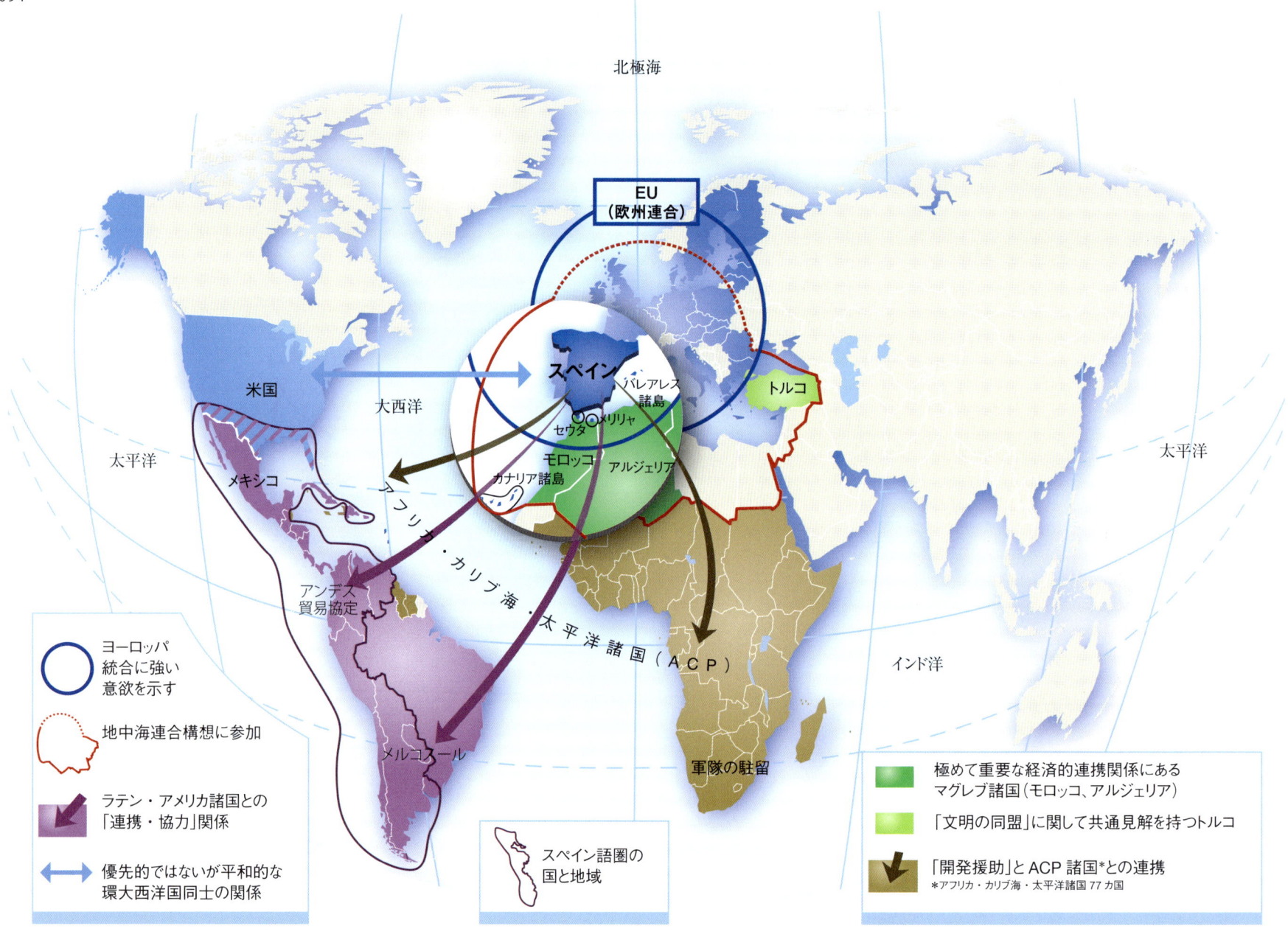

北極海

EU（欧州連合）

米国

大西洋

スペイン
バレアレス諸島
セウタ　メリリャ
モロッコ
カナリア諸島
アルジェリア
トルコ

太平洋

メキシコ

アンデス貿易協定

アフリカ・カリブ海・太平洋諸国（ACP）

メルコスール

太平洋

インド洋

軍隊の駐留

凡例

- ヨーロッパ統合に強い意欲を示す
- 地中海連合構想に参加
- ラテン・アメリカ諸国との「連携・協力」関係
- 優先的ではないが平和的な環大西洋国同士の関係
- スペイン語圏の国と地域
- 極めて重要な経済的連携関係にあるマグレブ諸国（モロッコ、アルジェリア）
- 「文明の同盟」に関して共通見解を持つトルコ
- 「開発援助」とACP諸国*との連携
  *アフリカ・カリブ海・太平洋諸国 77カ国

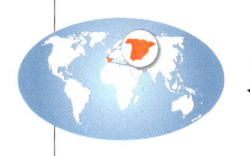

スペインから見た世界 Le monde vu par... L'Espagne

イスラム勢力をイベリア半島から駆逐して自国の領土を再統一し、巨大な富の源であるアメリカ大陸の征服を始めたスペインは、一時ヨーロッパで支配的な立場の大国となり、16世紀には世界一の大国となっていた。したがって、当時「イベリアの世界化」という言葉を用いても過言ではなかったが、18世紀以降は衰退を始めた。

スペインの衰退は、19世紀にラテン・アメリカの植民地を失い、産業革命という時勢に合わせることができなかったために決定的になる。

1931年、スペインは何世紀にもわたった君主制に別れを告げ、共和制を開始した。その5年後の1936年、極右勢力は人民戦線の勝利を認めることを拒否し、スペインは内戦状態に陥って50万人以上の死者を出すことになる。

フランコ将軍は1939年に政権の座に就くと、自身の勝利のためにヒトラーやムッソリーニから支援を受けていたのにもかかわらず、第2次世界大戦にスペインが巻き込まれないようにすることに成功した。彼の独裁政治は1975年まで続き、戦後に反共産主義の戦いの枠内で米国と二国間協定を結んだのみだったので、ヨーロッパ大陸からスペインを孤立させることとなった。

1978年にフアン・カルロス国王の下で民主制を導入したスペインは、半ば世界ののけ者になっていた状態から国際社会に復帰し、ヨーロッパでも再び受け入れられた。

1986年以降はヨーロッパ共同体（EC）に加盟することになる。これが、その後長い間続くことになるスペインの発展の幕開けとなり、だからこそ、スペイン人はヨーロッパ統合に強い思いを抱いているのである。

米国がフランコ政権を支援していたからといって、スペインがNATOに加盟するのを躊躇することはなかったが、そのことは米国に対して一種の独立性を保とうと努力する理由とはなっている。

スペインはヨーロッパの視点からの活発な外交政策に力を注いでいる。ラテン・アメリカのイベロアメリカ諸国と密な関係を保っているし、ヨーロッパとアラブ世界の架け橋になれるとも考えているのだ。イラク戦争支持の姿勢を打ち出したアスナール政権は、スペインの大多数の世論に拒否され、しかも、2004年3月のマドリードのテロ事件も重なって、選挙で敗北するに至った。

その後政権の座に就いた社会労働党のサパテロ首相は、2004年の国連総会で、ブッシュとアスナールが擁護した「文明の衝突は不可避だ」という視点とは反対の「文明の同盟」構想をトルコとともに発表した。サパテロ政権は、いまだスペインで猛威をふるうETA（バスク地方の分離独立を目指す民族組織）のテロ活動にダメージを与えるために経済・社会政策を実行に移し、それが成功を収めたため、多くの国民の支持を得ている。

不動産バブルの崩壊が原因の2007〜2008年の経済危機で深手を負ったスペインは、地中海地域においてもそれ以外においても、欧州連合理事会の2010年前半期議長国としての評価を高めることを目指している。

> スペインは違う文明の架け橋になりたいと望んでいる。

096

EU（欧州連合）

ベネルクス連合

ベルギー

国際連合

米国

チャド　スーダン

コンゴ民主共和国

ルワンダ
ブルンジ

東南アジアを含むアジア全体

凡例：
- EU圏内統合の強化
- ベネルクス諸国（ベルギー、オランダ、ルクセンブルク）
- アジアとの経済外交

- 国連 国連活動（平和維持、テロ対策など）への参加
- 極めて重要な環大西洋国同士の関係
- フラマン語圏とワロン語圏の分割
- アフリカ紛争の解決への関与（コンゴ民主共和国、ブルンジ、ルワンダ、チャドなど）

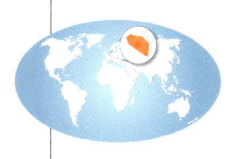

ベルギーから見た世界　Le monde vu par... La Belgique

　ヨーロッパの歴史を通して、ベルギーをはじめベネルクス諸国（ベルギー、オランダ、ルクセンブルク）の国土は、敵対する巨大で活動的な軍事勢力に立ち向かわなければならなかった。ベルギーを掌握することによってナポレオンは英国を封鎖する大陸封鎖令を実行に移すことができた。そして、両大戦において、ベルギーに侵攻するドイツの電撃作戦は、フランス軍を攻略するための基礎をなすものであった。

　1830年に「ヨーロッパ協調」の一環として誕生したベルギーは、アフリカで無視できない歴史を抱えている。たとえば、現在のコンゴ民主共和国は、かつて1885年にベルギー領となったコンゴに属していた。ルワンダとブルンジは1919年にドイツの植民地帝国が解体されたときに、ベルギーに委託された一帯である。独立前、ベルギー領コンゴは豊かな資源に恵まれており、その資源をベルギー王室が所有していた。そのために独立後、モブツ政権の腐敗を招き、この一帯は深刻な問題の温床になってしまった。

　ベルギーはヨーロッパ統合に非常に熱心である。ドイツやフランスに比べて存在感が希薄なベルギーにとっては、ヨーロッパを統合したほうが、国際レベルで自国が守られ、影響力を与えることも可能になりやすいと考えているからだ。

　1948年以来の西欧同盟の創設国の一つであり、その後1957年にはローマ条約（欧州経済共同体設立条約と欧州原子力共同体設立条約）に調印した。今日、EU（欧州連合）関連組織やNATO本部を国内に誘致しており、ベルギー経済は完全にEU経済に組み込まれた状態である。ベルギー人はヨーロッパがグローバル世界における主役になってほしいと考えている。

　しかし国内ではフランス語系のワロン人とオランダ語系のフラマン人の間の溝が深まり、国としての統一を脅かしている。ヨーロッパという「共通の傘」によって国の安全が守られているために、逆に国内での対立が悪化してしまったのかもしれない。

　ベルギーは（フランスや国連、当時のアフリカ統一機構と同様に）かつて自国が植民地としてアフリカを支配していたという理由から、1994年のルワンダ大虐殺についての論争に間接的に関わらざるを得なくなった。1990年代末、ベルギー国会は、人権侵害や天然資源・原料の乱開発に対して倫理に基づく道徳的な外交を国として積極的に行うことを決めた。

　そこで、いわゆる「普遍的管轄権」に基づく法律を導入し、明らかにベルギーと関係ない事例であっても、国際的な犯罪を行った人物を誰もがベルギー司法に訴えられるようにしたのである。この司法的立場は、多くの国との摩擦の原因となり、手に負えなくなったため（同様の状況を経験することになったスペイン同様）、後に法改正に至った。

　2009年、EUの中枢としての役割を演ずるベルギーの象徴的存在として、元ベルギー首相のファン・ロンパイ氏が初代欧州理事会議長（EU大統領）に就任し、長い任期（2年半）を務めることになった。

> ベルギーは国が分裂しそうな状態にあって、ヨーロッパが救命ブイの役割を果たしている。

098

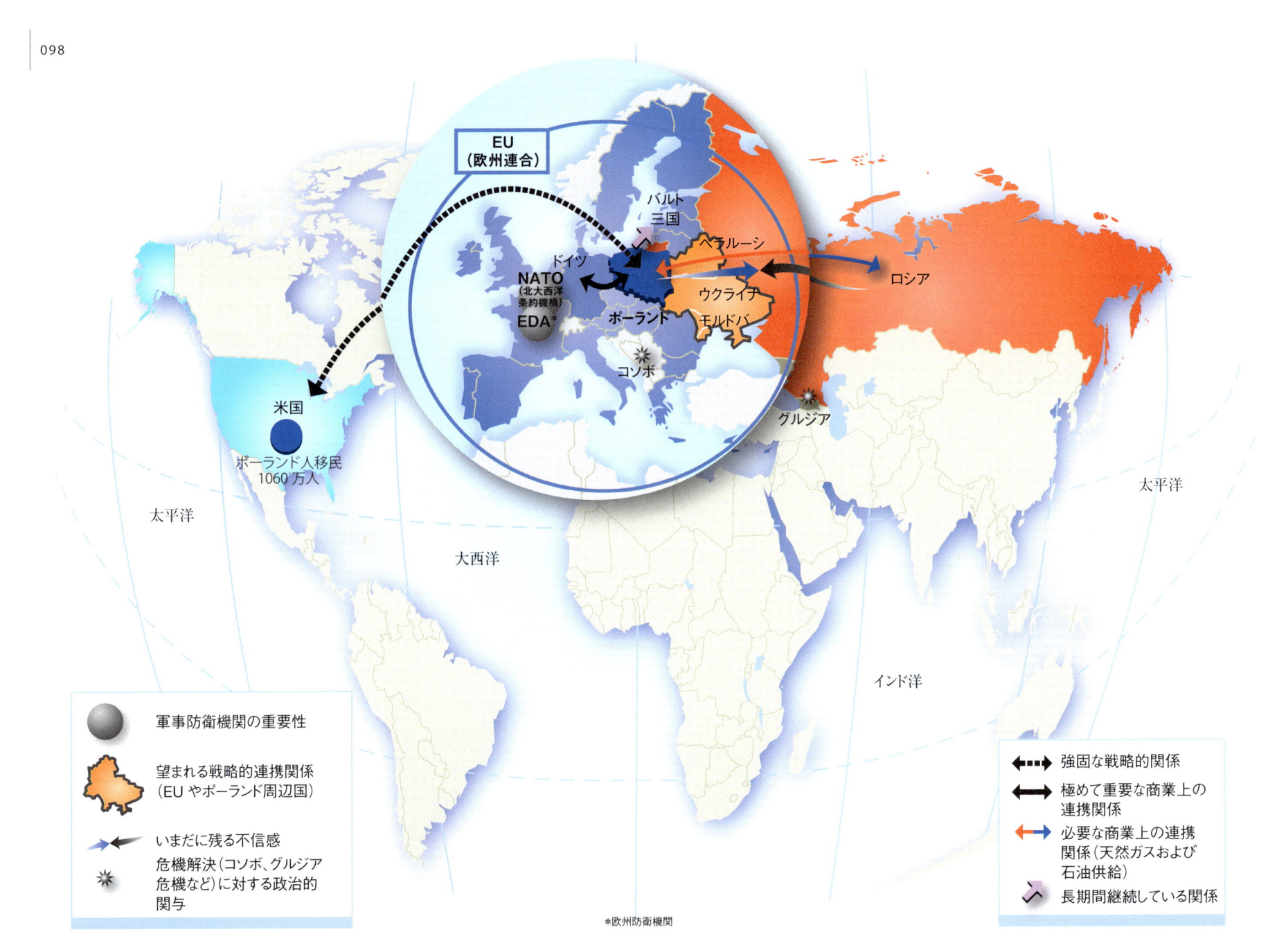

地図の要素

円内のラベル:
- EU（欧州連合）
- バルト三国
- ベラルーシ
- ドイツ
- NATO（北大西洋条約機構）
- EDA*
- ポーランド
- ウクライナ
- モルドバ
- コソボ
- ロシア
- グルジア
- 米国 — ポーランド人移民 1060万人

太平洋／大西洋／インド洋

凡例

- ● 軍事防衛機関の重要性
- 望まれる戦略的連携関係（EUやポーランド周辺国）
- → いまだに残る不信感
- ✺ 危機解決（コソボ、グルジア危機など）に対する政治的関与

- ←--→ 強固な戦略的関係
- ←→ 極めて重要な商業上の連携関係
- ←→ 必要な商業上の連携関係（天然ガスおよび石油供給）
- ↗ 長期間継続している関係

*欧州防衛機関

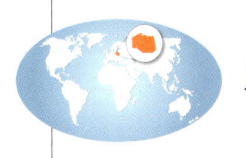

ポーランドから見た世界 Le monde vu par... La Pologne

悲劇の連続であったポーランドの歴史をたどれば、今のポーランド人のものの見方を理解することができるだろう。ポーランドは、隣国、特にドイツとロシアからの影響力と強い欲望にいつもさらされて、しばしば主権が脅かされ、時には否定されてきたのである。

18世紀末に一度、地図から姿を消したが、ナポレオン1世の手でワルシャワ公国という形で再建され、ウィーン会議でロシア、オーストリア、プロイセン領に3分割された末に再び消滅した。1919年のヴェルサイユ条約で再建されたが、第2次世界大戦時にはナチス・ドイツに占領され、それから冷戦が終わるまでソ連の支配下に置かれたのである。

ドイツがナチスの犯罪を認め、1945年にポーランド領となったオーデル＝ナイセ線以東の旧ドイツ領を、東西統一後に明確に放棄したのにもかかわらず、ポーランドは今日もドイツとの関係を複雑な思いでとらえている。そして、ロシアが影響力を行使しようとしたり、エネルギーその他を支配しようとしたりすることを、今もなお、恐れている。

過去の歴史のせいで、国際条約も国際機関による保障も信用できないのだ。したがって、ロシアの欲望をつぶす唯一の方法、そしてドイツとフランスからの影響力とバランスをとる方法は、米国の保護下に入ることだと考えている。

フランスと英国がナチス・ドイツからポーランドを救おうと動き、冷戦中はずっとフランスが東西ブロックに分かれたヨーロッパの壁を越えようと呼びかけていたのに、ポーランド人には自分たちをナチスや共産主義から救済した恩を感じるべき相手は米国だけだという意識があるのだ。

米国もポーランドも人々の多くが宗教心に篤いことや、結束が固く同郷意識の高いポーランド人社会が米国に存在することも、両国間の関係を強化する要因となっている。この歴史的な遺産があるからこそ、ポーランドは全面的にブッシュ政権の政策とイラク戦争に追随したのだ。

ポーランドのNATO加盟も、ソ連崩壊後、この同盟の規模をできるだけ大きくしたいという米国の意志と米国におけるポーランド人ロビー活動に支えられたために簡単に実現し、そのスピードたるやEU加盟までに必要とされた長くうんざりするような交渉とは対照的だった。

そのためポーランド人は、自国の経済が主にヨーロッパに組み込まれたからこそ発展したにもかかわらず、ヨーロッパよりも米国に対してますます大きな友情を感じ、開放的になった。一方で、自国の主権と社会問題に関して後進国だとみなされることに関して極めて敏感なため、ヨーロッパと協調体制を築くのが当初難しかった。しかし、イラク戦争の結果が悲惨であったことから、人々の親米的な意識も薄れてきている。

一番可能性があるのが、ポーランドが時とともに、警戒しなければならないロシアとの協調関係を維持しつつ、EUで大国としての責任を徐々に負うようになって、EU枠内で新たに自らの影響力を強めることのできる方法を見つけていくというプロセスだ。そうした変化はすでに感じ取ることができる。

> ポーランドは条約や国際機関をほとんど信用しない。

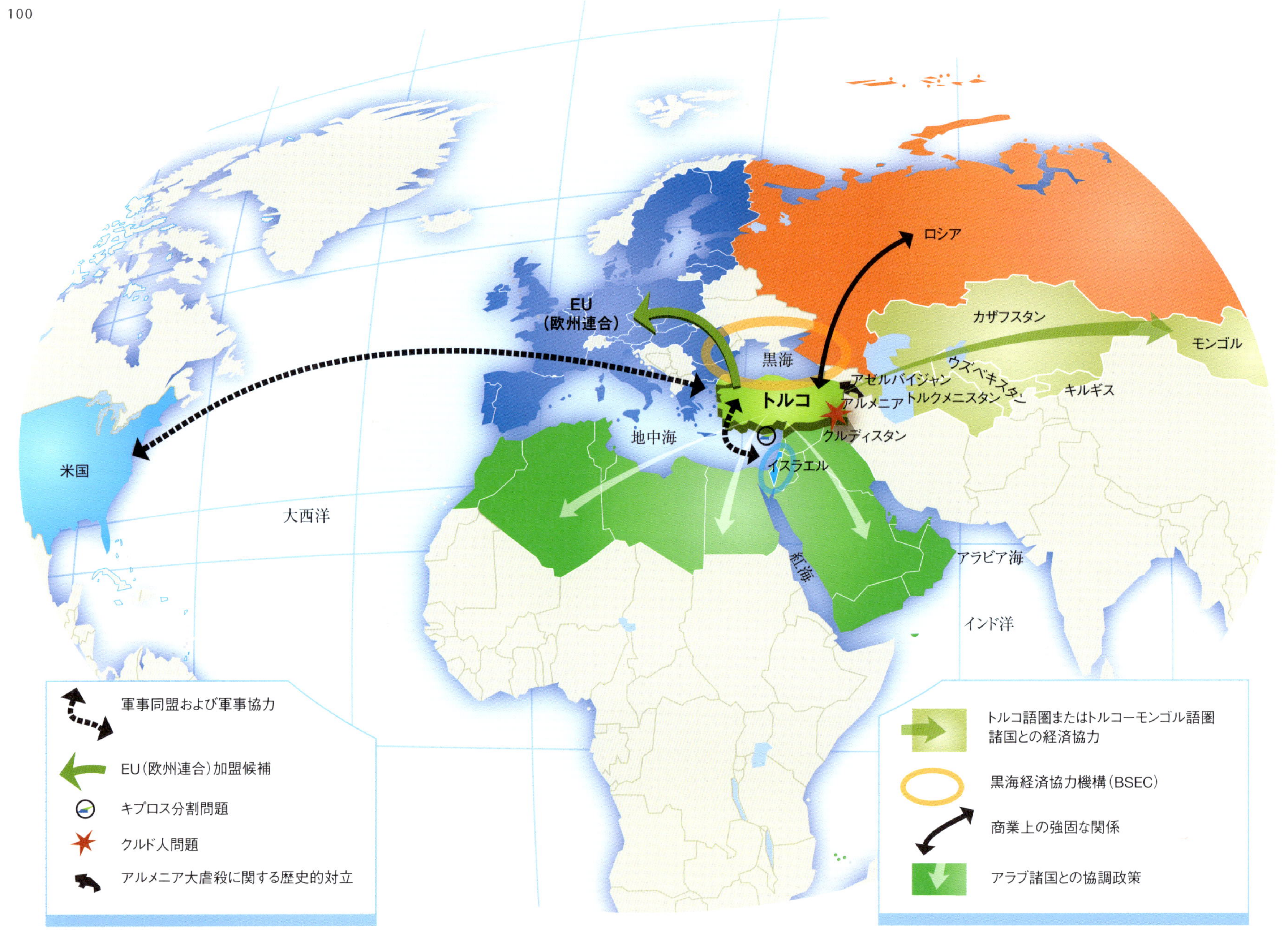

ロシア
EU
（欧州連合）
カザフスタン
モンゴル
黒海
ウズベキスタン
アゼルバイジャン
トルコ
アルメニア
トルクメニスタン
キルギス
クルディスタン
地中海
イスラエル
米国
大西洋
紅海
アラビア海
インド洋
軍事同盟および軍事協力
EU（欧州連合）加盟候補
キプロス分割問題
クルド人問題
アルメニア大虐殺に関する歴史的対立
トルコ語圏またはトルコーモンゴル語圏
諸国との経済協力
黒海経済協力機構（BSEC）
商業上の強固な関係
アラブ諸国との協調政策

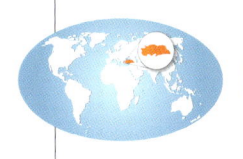

トルコから見た世界　Le monde vu par... La Turquie

　15世紀に建国されたオスマン帝国の勢いは1529年ウィーン包囲（第1回）の際に頂点に達するが、包囲自体は失敗に終わった。フランス国王フランソワ1世と同盟を組んだスレイマン1世は、当時神聖ローマ皇帝であったカール5世とヨーロッパ大陸の主導権を争っていた。

　17世紀になると、新たなウィーン包囲は失敗に終わるが（1683年、第2回）、それによってオスマン帝国に対する「神聖同盟」が結ばれた（オーストリア、ヴェネツィア、ポーランド、ロシア）。オスマン帝国はこのころから衰退を始める。19世紀末になると、「ヨーロッパの病人」とみなされた帝国は、ヨーロッパ列強からの介入をますます受けるようになった（フランス、英国、ロシア、ドイツ）。

　ドイツの側に立って参戦した第1次世界大戦前の時点で、もはやトラキア地方以外にはヨーロッパを支配していなかった。敗戦の結果、帝国はセーヴル条約（1920年）に基づいて戦勝国によって解体された。

　1923年のローザンヌ条約によって新しいトルコ国家が建設された。ムスタファ・ケマルが権力を掌握し、ヨーロッパに着想を得て、この国家の衰亡を食い止めるために政教分離と西洋化をトルコ人に課したのである。

　第2次世界大戦では中立を守ったために、トルコは1947年のマーシャル・プランの恩恵を受け、1952年にはNATOに加盟した。トルコはソ連との間に、西側陣営の中では一番長い地上の国境を接していたことから、NATOの防衛活動に積極的に参加してきた。

　一方でギリシャとの敵対関係が高じ、1974年、キプロスで紛争が起きたが、その後両国の緊張関係は和らいだ。

　ソ連の解体によって、NATOにおける共産主義に対する砦としての特別な立場を失ったが、カフカス地方や中央アジアでトルコ系の国々と関係を結び直し、1990～1991年の湾岸戦争では、クウェートの解放のために参戦して中東での自らの役割をはっきりさせた。

　1999年12月のヘルシンキ欧州理事会でEU加盟交渉開始が同意されて以来、EUへの加盟は近代化の手段の一つであるだけでなく、トルコが問題なく西欧世界に属する国であると政治的にも認めさせる手段であると考えられている。トルコのEU加盟問題はヨーロッパの世論を分けており、加盟交渉は長引くだろうとみられている。

　トルコは米国にとって今も鍵を握る重要なパートナーであることには変わりない。トルコも米国との良好な関係から戦略面でも政治面でも支えを得ている。それでも、2003年のイラク戦争の際には、米軍のトルコ領内自由通過を拒否した。トルコはイラクのクルド人住民の自治（最悪の場合は独立）が、自国のクルド人に波及するのを恐れているからだ。

　非アラブ・イスラム教国のトルコは、アラブ諸国と複雑な関係を維持している。まず歴史問題（アラブを植民地にしていた宗主国だった）、そしてイスラエルとの軍事協力（ガザ紛争はイスラエルとトルコの関係に影を落としたが）などがその理由である。

　また、アルメニア人に対する大虐殺（1915年）は今もなお、極めてデリケートな問題として残っている。これは、トルコと同盟国との間で大きな意見の相違がある問題であるが、それでも、2009年にアルメニアと外交関係を結ぶ妨げにはならなかった。

　将来、トルコの戦略的・地政学的な役割の方向性は、現在行われている交渉が終了してトルコがEUに加盟できるか否かに大きく関わってくるだろう。だが、いずれにしてもトルコの役割が非常に重要であることに変わりはない。

> トルコの戦略的な役割の方向性は、EUに加盟できるか否かに大きく関わってくるだろう。

北極

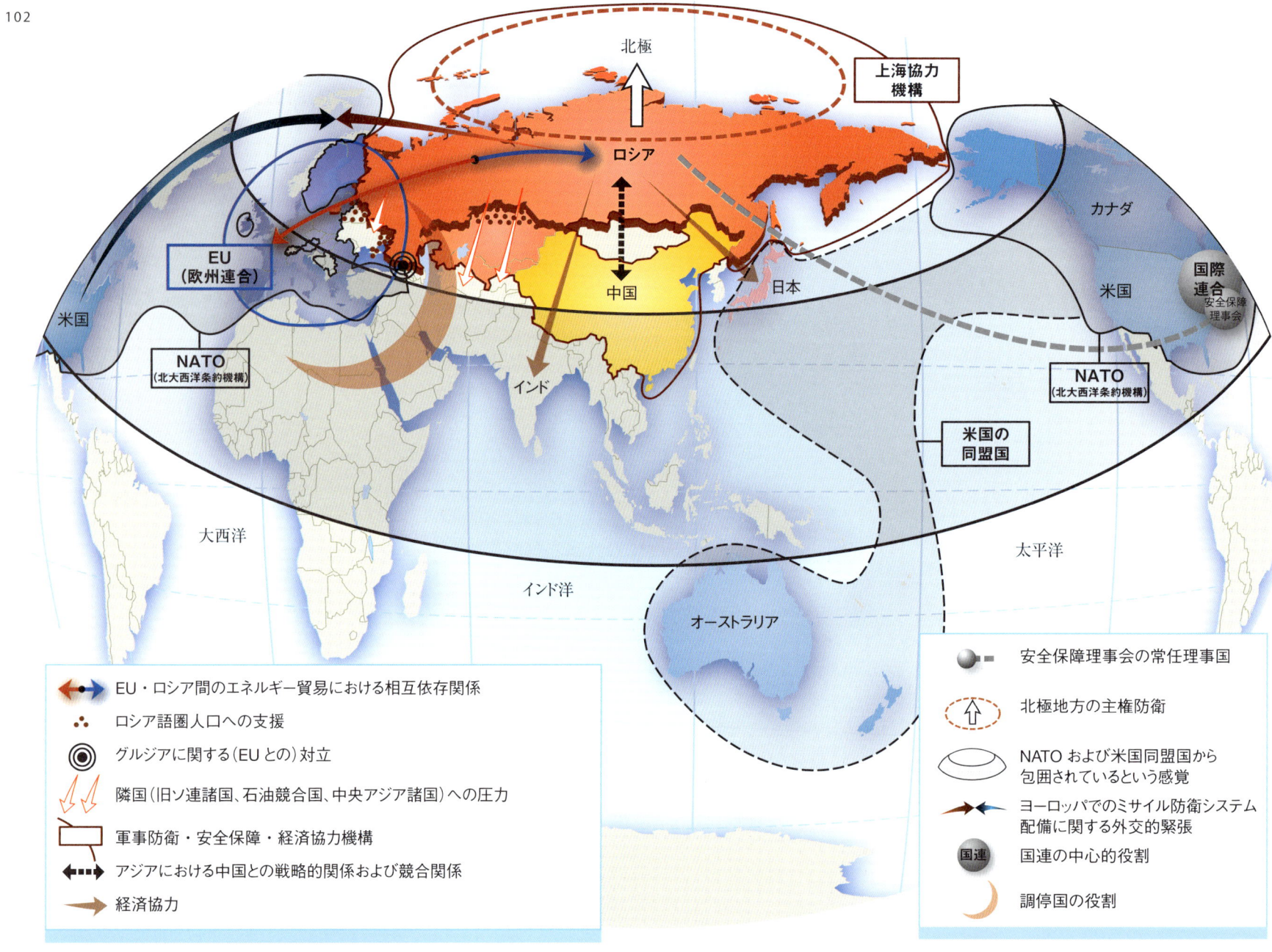

上海協力機構

ロシア

EU（欧州連合）

米国

NATO（北大西洋条約機構）

カナダ

米国

国際連合 安全保障理事会

中国

日本

インド

NATO（北大西洋条約機構）

米国の同盟国

大西洋

インド洋

オーストラリア

太平洋

凡例（左）
- EU・ロシア間のエネルギー貿易における相互依存関係
- ロシア語圏人口への支援
- グルジアに関する（EUとの）対立
- 隣国（旧ソ連諸国、石油競合国、中央アジア諸国）への圧力
- 軍事防衛・安全保障・経済協力機構
- アジアにおける中国との戦略的関係および競合関係
- 経済協力

凡例（右）
- 安全保障理事会の常任理事国
- 北極地方の主権防衛
- NATOおよび米国同盟国から包囲されているという感覚
- ヨーロッパでのミサイル防衛システム配備に関する外交的緊張
- 国連 国連の中心的役割
- 調停国の役割

ロシアから見た世界 Le monde vu par... La Russie

9世紀のキエフ公国建国以降、さらにはモスクワ大公国の建国（1340年）以降、ロシアは絶えず国土を拡張した結果、ついに2つの大陸にまたがる、世界で最も面積の大きな国となった。その一方、国内では深刻な政治的混乱を抱え、国外からも侵略を受けた。ナポレオン1世はモスクワ入城まで果たしたのに、ロシアの冬とゲリラ戦に打ち負かされることになる。ロシアは1815年のウィーン会議でヨーロッパ列強の一つとして認められた。

1917年のロシア革命（ボルシェビキ革命）の後、その体制を守るため、レーニンは一部の領土を放棄することを決め、ロシア内のさまざまな民族（ロシアの人口の半数以上に相当）に独立を認めた。ただし、その独立は短期間しか続かなかった。

第2次世界大戦中、ドイツ軍はモスクワに入城する勢いだったが、スターリングラードで阻止され、その戦いが転機となった。戦後、ヤルタ会議での約束を無視したソ連は、「新たな攻撃から自国を守るため」という理屈をつけて東ヨーロッパに勢力圏を作ってしまった。

だが、東ヨーロッパに「人民民主主義」という名の

ロシアはNATO、EU、そして中国によって包囲されているという被害者意識をつのらせている。

独裁体制を押しつけたことは、ソ連が領土を拡張し、イデオロギー帝国主義に基づいた世界侵略を行う意志を持っているという印象を与えることになる。ソ連の前進を「阻む」ために、米国は他国と同盟を結ぶというシステムでソ連を包囲したが、それに対してソ連は自分が脅威を受けているという複雑な感情をつのらせるようになった。こうして核兵器や大量の通常兵器を持つようになったソ連は、他の国の目には威嚇的な国と映った。

ソ連の体制は国民を抑圧する力によって維持された。だが、2つの超大国の一方として米国と同等の位置を占めたことは、冷戦中、ソ連国民の誇りになっていた。その絶頂期には、ソ連政府はほかに類を見ない広大な国を統率し、東ヨーロッパを支配下に収め、世界中に同盟国を持ち、戦略上の要所を押さえていた。

1985年、ゴルバチョフは東ヨーロッパで共産党体制を維持するために自国の部隊を派遣するのをやめた。彼はソ連を改革したいと願っていたが、経済と政治の大混乱を招き、アフガニスタン派兵の悲惨な結果を責められ、その他の政策も全般に不評を買って非難されるようになる。

1991年12月のソ連消滅は、ロシアにとって、第三世界に持っていた拠点と東ヨーロッパを失ったというだけでなく、第2次世界大戦期や19世紀に手に入れた領土、さらにはウクライナのようにそれ以前に手に入れた領土すら失うことを意味していた。

共産主義システムの終焉によって、ロシアはとてつもない権力と特権を失うことになったのだった。市場経済も、最も無秩序な状態で導入されてしまった。体制はもはや全体主義ではいられなかったが、それでも権威主義でありつづけている。

今日ロシアは、世界第2位の大国の地位に戻りたいとまでは夢見ていなくとも、国益を守り、国際舞台で尊重される存在になりたいと望んでいる。豊富な石油や天然ガス資源があるため、1990年代のように世界からないがしろにされることはもはや受け入れられないのである。

だが、相変わらず米国の軍事力を恐れており、拡大するNATOやさらにはEU、そして中国の台頭を前にして、包囲されているという被害者意識を抱いている。メドベージェフ・プーチン体制によって、ロシアは軍事力も含めて国力を再び誇示しようと試みているのである。

ロシアとソ連の領土拡大

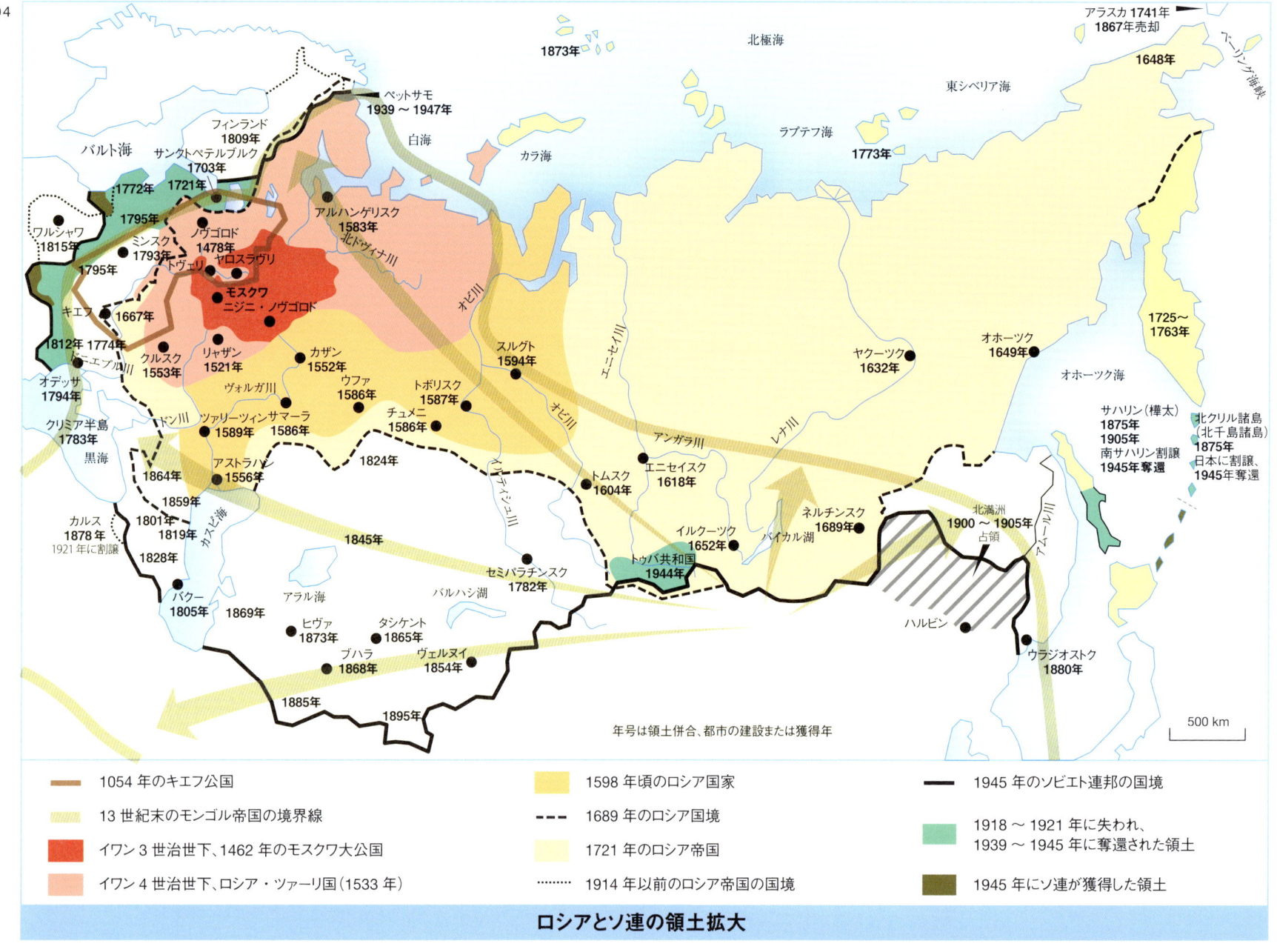

- アラスカ 1741年　1867年売却
- ベーリング海峡
- 北極海
- 1648年
- 東シベリア海
- 1873年
- ラプテフ海
- カラ海
- 1773年
- ペットサモ 1939〜1947年
- フィンランド 1809年
- バルト海
- 白海
- サンクトペテルブルク 1703年
- 1772年 1721年
- アルハンゲリスク 1583年
- 1795年
- ワルシャワ 1815年
- ノヴゴロド 1478年
- 北ドヴィナ川
- ミンスク 1793年
- トヴェリ　ヤロスラヴリ
- オビ川
- 1725〜1763年
- キエフ 1667年
- モスクワ
- ニジニ・ノヴゴロド
- 1812年 1774年
- オデッサ 1794年
- ドニエプル川
- クルスク 1553年
- リャザン 1521年
- カザン 1552年
- ウファ 1586年
- トボリスク 1587年
- スルグト 1594年
- エニセイ川
- ヤクーツク 1632年
- オホーツク 1649年
- クリミア半島 1783年
- 黒海
- ドン川
- ツァリーツィン 1589年
- サマーラ 1586年
- ヴォルガ川
- チュメニ 1586年
- トムスク 1604年
- エニセイスク 1618年
- アンガラ川
- レナ川
- サハリン（樺太）1875年 1905年南サハリン割譲 1945年奪還
- 北クリル諸島（北千島諸島）1875年日本に割譲、1945年奪還
- 1864年
- アストラハン 1556年
- 1824年
- イルビシュ川
- イルクーツク 1652年
- バイカル湖
- ネルチンスク 1689年
- 北満洲 1900〜1905年占領
- アムール川
- 1859年
- カルス 1878年 1921年に割譲
- 1801年 1819年
- カスピ海
- 1845年
- セミパラチンスク 1782年
- トゥバ共和国 1944年
- バクー 1805年
- 1828年
- アラル海
- バルハシ湖
- 1869年
- ヒヴァ 1873年
- タシケント 1865年
- ブハラ 1868年
- ヴェルヌイ 1854年
- ハルビン
- ウラジオストク 1880年
- 1885年
- 1895年

年号は領土併合、都市の建設または獲得年

500 km

- ━━ 1054年のキエフ公国
- ▨ 13世紀末のモンゴル帝国の境界線
- ■ イワン3世治世下、1462年のモスクワ大公国
- ■ イワン4世治世下、ロシア・ツァーリ国（1533年）
- ■ 1598年頃のロシア国家
- ┅┅ 1689年のロシア国境
- ■ 1721年のロシア帝国
- ⋯⋯ 1914年以前のロシア帝国の国境
- ━━ 1945年のソビエト連邦の国境
- ■ 1918〜1921年に失われ、1939〜1945年に奪還された領土
- ■ 1945年にソ連が獲得した領土

ソ連崩壊（1991年4〜12月）

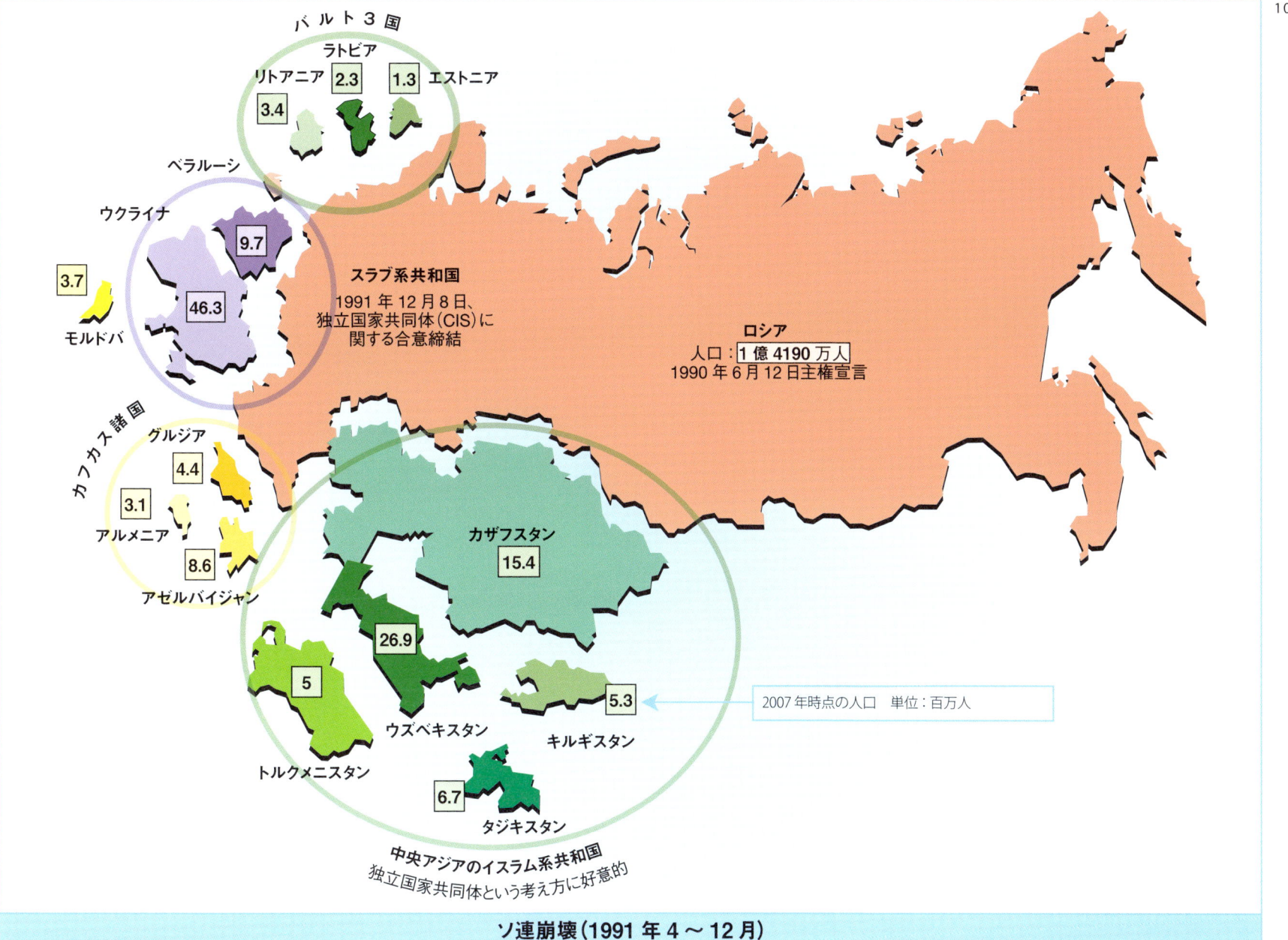

バルト3国
- リトアニア 3.4
- ラトビア 2.3
- エストニア 1.3

スラブ系共和国
1991年12月8日、独立国家共同体（CIS）に関する合意締結
- ベラルーシ 9.7
- ウクライナ 46.3
- モルドバ 3.7

ロシア
人口：1億4190万人
1990年6月12日主権宣言

カフカス諸国
- グルジア 4.4
- アルメニア 3.1
- アゼルバイジャン 8.6

中央アジアのイスラム系共和国
独立国家共同体という考え方に好意的
- カザフスタン 15.4
- ウズベキスタン 26.9
- トルクメニスタン 5
- キルギスタン 5.3
- タジキスタン 6.7

2007年時点の人口　単位：百万人

| 106

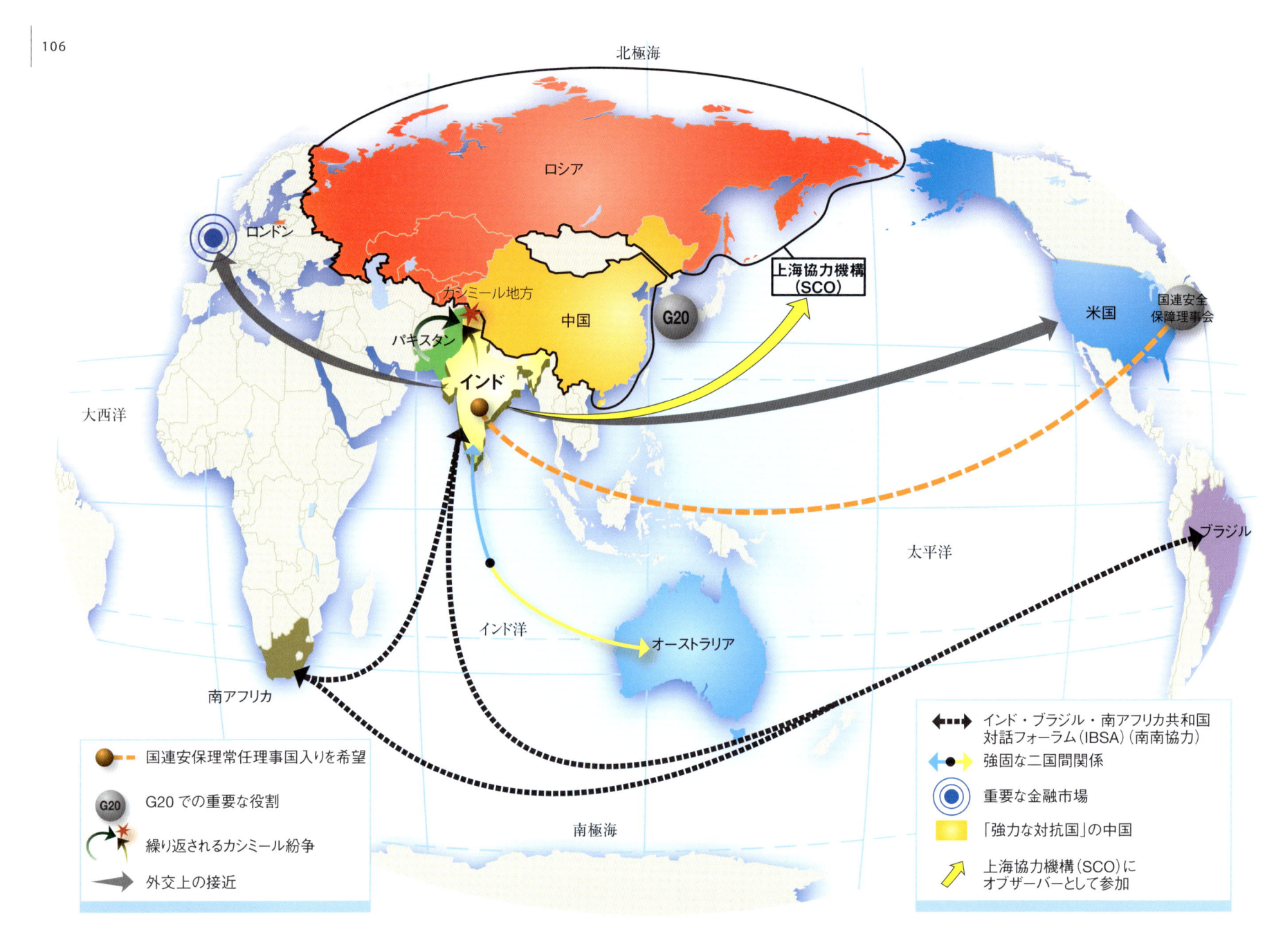

北極海
ロシア
ロンドン
カシミール地方
上海協力機構（SCO）
中国
モンゴル
G20
パキスタン
インド
米国
国連安全保障理事会
大西洋
インド洋
オーストラリア
太平洋
ブラジル
南アフリカ
南極海

凡例：
- 🟠‑‑‑ 国連安保理常任理事国入りを希望
- G20 G20での重要な役割
- 繰り返されるカシミール紛争
- ➡ 外交上の接近
- ⬛‑‑‑ インド・ブラジル・南アフリカ共和国対話フォーラム（IBSA）（南南協力）
- ⬅➡ 強固な二国間関係
- ⦿ 重要な金融市場
- 🟨 「強力な対抗国」の中国
- ⬆（黄） 上海協力機構（SCO）にオブザーバーとして参加

インドから見た世界 Le monde vu par... L'Inde

　冷戦時代、インドは非同盟諸国の中でリーダー的な存在だった。そのために、経済的な影響力が小さいこととは不釣り合いに世界の外交舞台では重要視されていた。非同盟主義国だったが、ソ連とは軍事協定を結んでいた。

　ガンジーの影響から、世界で最も民主的な国として、平和主義・人道主義・普遍主義の伝統を前面に押し立ててきた。対外的に内政不干渉、主権の尊重、軍備縮小を訴え、南側諸国の象徴・代表になることを望んでいた。そしてこれらは、核兵器の保有や地方の有力者が支配する政治と矛盾せず両立できるものとインドは考えていた。

　インドにとって、主要な競合国は2つある。
　1つ目のライバルはパキスタンだ。インドの一部の国家主義者たちは、独立時にパキスタンが分離したことを、いまだに承認していない。インドは、パキスタンに対して3回の戦争（1948年、1962年、1971年）を引き起こし、これらの戦争がきっかけとなってバングラデシュが独立した。

　2つ目のライバルは中国だ。1962年にインドが中国に喫した敗北は尾を引いた。年を追うごとに、インドとパキスタンの経済力・技術力・軍事力のバランスは、インド優勢に傾いている（両国ともに核兵器を保有しているがゆえに、いくらか慎重に行動せざるを得ないが）。それとは対照的に、経済における中国の台頭は、インドにとって懸念材料だ。中国がインドを押しのけて、西側諸国の注目を集め過ぎていると見ているのである。

　東西冷戦の解消で、インドは外交の見直しを余儀なくされた。ソ連崩壊によって軍事面での主な連携先を失って以来、パキスタンに対して主導権を握り、中国に対抗できるような同盟国を得ようと、米国に接近するようになった。国内では野党やイスラム教徒から反対されているが、現政権は米国との連携により大国としての地位獲得の手だてを引き出したいようだ。

　ガンジーの思想は今も掲げられているが、インドの国威発揚の姿勢はますます表面化してきている。1998年の一連の核実験以来、以前は秘密にしていたインドの核兵器の威力は公にされるようになった。インドは、世界第6位の大国になること、そして国連安全保障理事会の常任理事国になることに躍起になっている。インドに対する世界の認識は不十分で、実際の姿とはギャップがあると考えているのだ。

> インドにとって米国とは、中国に対抗できる同盟国、パキスタンに対して影響力を持つ提携国である。

108

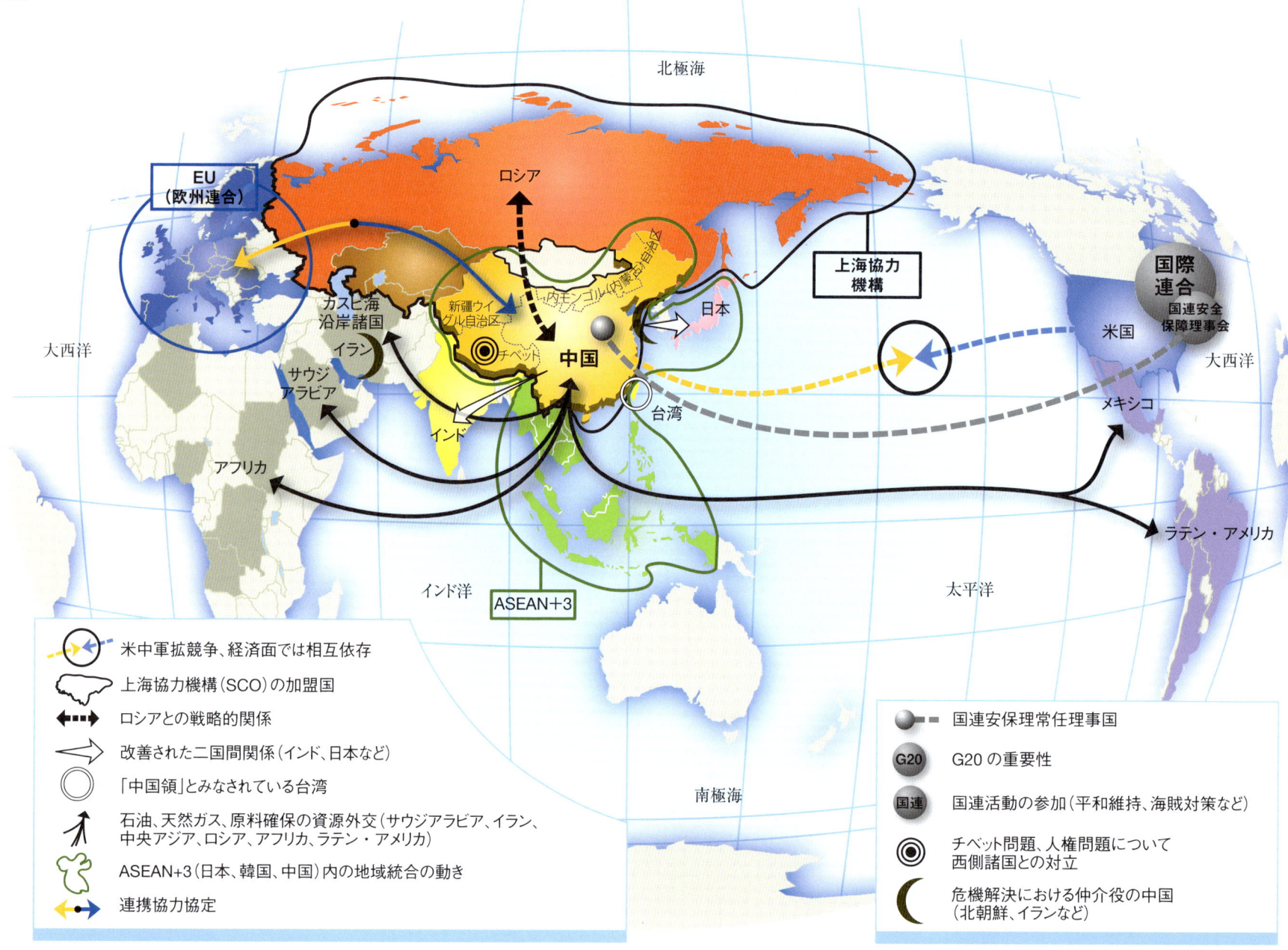

北極海 / ロシア / EU（欧州連合） / カスピ海沿岸諸国 / 新疆ウイグル自治区 / 内モンゴル（内蒙古）自治区 / 上海協力機構 / 国際連合 国連安全保障理事会 / チベット / 中国 / 日本 / イラン / サウジアラビア / インド / 台湾 / 米国 / メキシコ / ASEAN＋3 / アフリカ / ラテン・アメリカ / 大西洋 / インド洋 / 太平洋 / 南極海

凡例

- 米中軍拡競争、経済面では相互依存
- 上海協力機構（SCO）の加盟国
- ロシアとの戦略的関係
- 改善された二国間関係（インド、日本など）
- 「中国領」とみなされている台湾
- 石油、天然ガス、原料確保の資源外交（サウジアラビア、イラン、中央アジア、ロシア、アフリカ、ラテン・アメリカ）
- ASEAN＋3（日本、韓国、中国）内の地域統合の動き
- 連携協力協定
- 国連安保理常任理事国
- G20の重要性
- 国連活動の参加（平和維持、海賊対策など）
- チベット問題、人権問題について西側諸国との対立
- 危機解決における仲介役の中国（北朝鮮、イランなど）

中国から見た世界 Le monde vu par... La Chine

　数千年の歴史のある中国は、19世紀まで「中華帝国」と自負していた。世界の国民総生産（GNP）の約30％を占めていたことから、他の列強と関係を結ぶ必要はないと考えていたのだ。しかし、19世紀後半以降、政権の内部対立による弱体化の隙をつかれ、ヨーロッパの干渉を受け、さらに部分的な分割、「不平等条約」、統治が届いていなかった地域の委譲などを強要された。中国人の深い屈辱感は、第2次世界大戦の発端となる1937年の日本による攻撃によって、さらに大きくなった。

　共産主義者の毛沢東が、数年にわたる戦いの後、1949年に権力の座に就くことができたのは、貧しい農民に支えられただけではなく、人々の愛国心に強く訴えたからである。反共産主義の立場だった国民党の指導者たちは、このとき台湾へ逃れ、そこで米国の庇護による体制を築いた。

　同様にイデオロギーというよりもナショナリズムが理由で、毛沢東は1961年にソ連と決別した。共産主義陣営の代表であるソ連の支配下にいることを、受け入れたくなかったのだ。

　中国では、1978年の毛沢東の死以降、共産党の政治統制と資本主義（市場開放）を合わせた、いわゆる「社会主義市場経済」政策を鄧小平が積極的に推進した。その後香港とマカオを取り戻した中国は、今や台湾との統一あるいは台湾独立の承認阻止を目標の一つにしている。

　莫大な人口（13億人）と広大な領土を持つ大国である中国は、約30年前から、とどまるところを知らない成長とともに国力を増強した。今日の中国は「新興」勢力の見本となるべき経済大国であり、21世紀中に米国を抜くといわれている。うまくグローバル化の波に乗り、相対的に有利な為替レートや社会条件などから大きな利益を引き出しているのだ。だが、グローバル世界のルールを完全に守っているわけではない。2008年12月の経済金融危機から、いち早く抜け出したのも中国である。

　過去の傷、中でも1937～1945年に日本が行った侵略から受けた傷は、いまだに癒えておらず、そのことが中国と日本の関係を複雑なものにしている。

　米国との競争関係は、現在は経済的なものであるが、今後戦略的なものになる可能性がある。冷戦時のソ連とは反対に、中国は米国の市場経済のモデルに異議を唱えていない。中国は単に競争に勝つことを望んでいるのだ。米国には、中国を連携相手ではなく軍事的なライバルと見る視点もある。そうした視点をとる人々によると、中国は台湾や日本にとって脅威だし、ひいては米国にとっても脅威であるという。

　ロシアとの関係においては、中国はすべての分野においてロシアに優っていると判断し、臆することのない接し方をしている。

　中国は現在、不足しているエネルギーと原料確保のために、アフリカとラテン・アメリカに関心を寄せている。特にアフリカは、中国にとって過去がある土地ではない。つまり、植民地にしていたという負の遺産が存在しないのだ。中国は、周囲の不安を掻き立てないよう腐心し、自国のアフリカにおける台頭は平和的なものであると主張している。

　中国の未来については、次の4つの疑問が投げかけられている。中国は、社会問題や環境問題において緊張が高まっているにもかかわらず、成長を続け、いつか世界第1位の大国になるのだろうか？　経済の近代化によって、体制を本質的に民主主義へと改めるのだろうか？　世界の大国の一つになるだけで満足するのか、それともグローバルな世界における政治にも影響力を発揮したいのだろうか？　そして、近隣諸国や他の強国は中国の台頭にどういう反応を示すのだろうか？

> 米国とのライバル関係は経済分野から、戦略的なものになっていくかもしれない。

19世紀末の中国

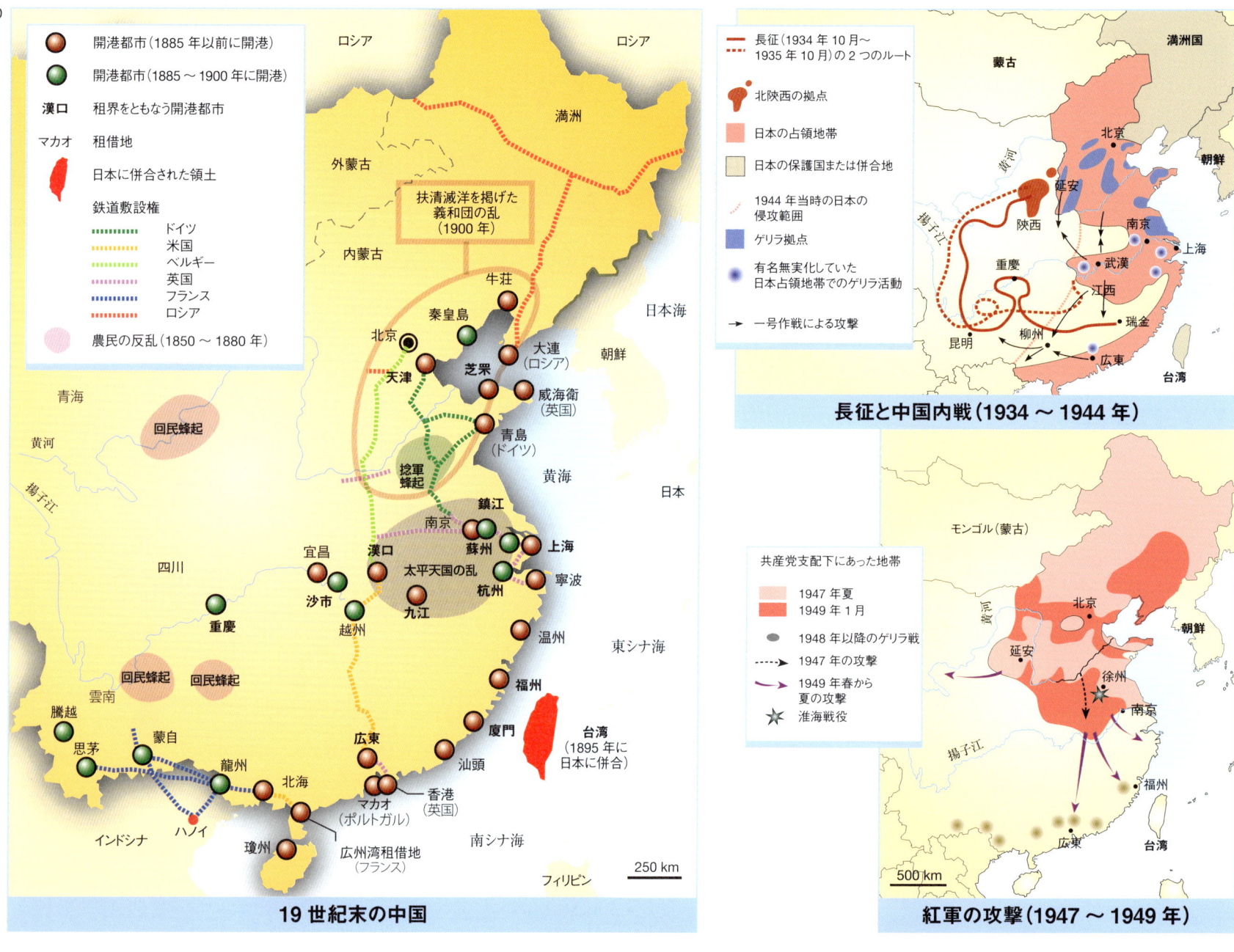

凡例
- 開港都市（1885年以前に開港）
- 開港都市（1885〜1900年に開港）
- 漢口　租界をともなう開港都市
- マカオ　租借地
- 日本に併合された領土
- 鉄道敷設権
  - ドイツ
  - 米国
  - ベルギー
  - 英国
  - フランス
  - ロシア
- 農民の反乱（1850〜1880年）

扶清滅洋を掲げた義和団の乱（1900年）

ロシア、満洲、外蒙古、内蒙古、北京、天津、牛荘、秦皇島、大連（ロシア）、芝罘、威海衛（英国）、青島（ドイツ）、朝鮮、日本海、黄海、日本、捻軍蜂起、南京、鎮江、蘇州、上海、寧波、杭州、九江、漢口、宜昌、沙市、重慶、四川、青海、回民蜂起、黄河、揚子江、雲南、騰越、思茅、蒙自、龍州、北海、ハノイ、インドシナ、瓊州、広州湾租借地（フランス）、マカオ（ポルトガル）、香港（英国）、広東、汕頭、廈門、福州、温州、太平天国の乱、台湾（1895年に日本に併合）、東シナ海、南シナ海、フィリピン

250 km

長征と中国内戦（1934〜1944年）

凡例
- 長征（1934年10月〜1935年10月）の2つのルート
- 北陝西の拠点
- 日本の占領地帯
- 日本の保護国または併合地
- 1944年当時の日本の侵攻範囲
- ゲリラ拠点
- 有名無実化していた日本占領地帯でのゲリラ活動
- 一号作戦による攻撃

蒙古、満洲国、黄河、揚子江、延安、陝西、北京、南京、武漢、重慶、江西、瑞金、柳州、昆明、広東、上海、朝鮮、台湾

紅軍の攻撃（1947〜1949年）

凡例
- 共産党支配下にあった地帯
  - 1947年夏
  - 1949年1月
- 1948年以降のゲリラ戦
- 1947年の攻撃
- 1949年春から夏の攻撃
- 淮海戦役

モンゴル（蒙古）、黄河、揚子江、延安、北京、徐州、南京、福州、広東、朝鮮、台湾

500 km

2010年時点の中国

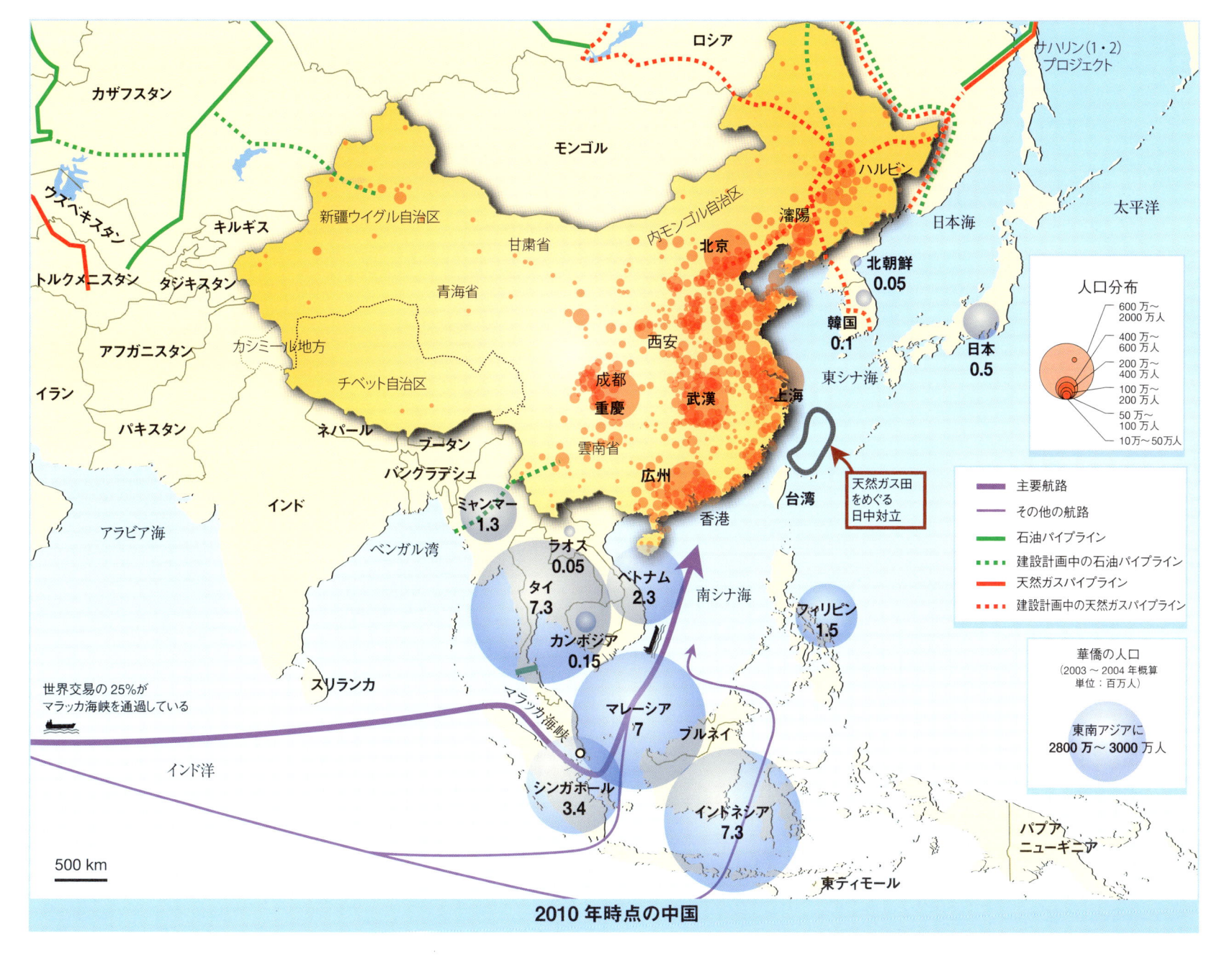

人口分布
- 600万〜2000万人
- 400万〜600万人
- 200万〜400万人
- 100万〜200万人
- 50万〜100万人
- 10万〜50万人

凡例
- 主要航路
- その他の航路
- 石油パイプライン
- 建設計画中の石油パイプライン
- 天然ガスパイプライン
- 建設計画中の天然ガスパイプライン

華僑の人口（2003〜2004年概算、単位：百万人）
東南アジアに 2800万〜3000万人

世界交易の25％がマラッカ海峡を通過している

天然ガス田をめぐる日中対立

サハリン(1・2)プロジェクト

国・地域ラベル

ロシア、カザフスタン、モンゴル、ウズベキスタン、キルギス、トルクメニスタン、タジキスタン、アフガニスタン、イラン、パキスタン、インド、ネパール、ブータン、バングラデシュ、ミャンマー 1.3、ラオス 0.05、タイ 7.3、ベトナム 2.3、カンボジア 0.15、マレーシア 7、ブルネイ、シンガポール 3.4、インドネシア 7.3、フィリピン 1.5、東ティモール、パプアニューギニア、スリランカ、北朝鮮 0.05、韓国 0.1、日本 0.5、台湾

中国内地名

新疆ウイグル自治区、甘粛省、青海省、チベット自治区、カシミール地方、内モンゴル自治区、雲南省、西安、成都、重慶、武漢、北京、瀋陽、ハルビン、上海、広州、香港

海域

太平洋、日本海、東シナ海、南シナ海、ベンガル湾、アラビア海、インド洋、マラッカ海峡

112

地図凡例

日本周辺

- 北極海
- ロシア
- 中国
- 北朝鮮
- 韓国
- 日本
- 米国
- EU（欧州連合）
- ASEAN（東南アジア諸国連合）
- インド洋
- 太平洋
- 国際連合　国連安全保障理事会

凡例（左）
- ←･･･→ 強固な戦略的関係
- ← 政策の一致
- ← 朝鮮半島からの脅威と日本の警戒心
- 国連 国連活動の参加（平和維持、不正取引防止、海賊対策など）
- 国連安保理常任理事国入りを希望

凡例（右）
- →←　強力な対抗国
- ◎　領土問題
- →　外交上の接近
- ↻　地域協力の強化（ASEAN および中国）

日本から見た世界 Le monde vu par... Le Japon

1864年、それまで長らく世界に門戸を閉ざしてきた日本は、ペリー提督の米国艦隊の大砲に恐れをなし、外国との通商のために開国を余儀なくされた。「明るき治め」という意味の明治時代（1868～1912年）、日本は西洋諸国に触発され、近代化が進んだ。1905年、ロシアは日本に軍事的敗北を喫した。これは白人にとっては、白人ではない人々との戦争による初めての敗北であった。

そしてさらに日本は、20世紀前半、アジアへの領土拡張政策に打って出た。1910年に韓国を併合、1931年は満洲（後の満洲国）を支配し、1937年には中国へ侵攻、1941年12月には米国領土の真珠湾を攻撃し、太平洋地域を占領した。東南アジアでは、ヨーロッパによる植民地支配に対して戦うのだと主張しつつ、冷酷な弾圧による自らの支配を確立した。

1945年8月6日に広島、9日に長崎に原爆が投下され、日本は降伏した。米国はすぐに天皇制の維持を決めた。天皇に象徴的な権限しか残さなかったとはいえ、米国は、ドイツに対して課したような道徳上の罪の追及を日本には強制しなかったのである。朝鮮戦争では米国にとって、日本はソ連と中国という大国を前にした、アジアにおける貴重な軍事拠点になった。

日本と韓国あるいは中国との関係は、戦争と日本の残虐行為の過去が日本によって明確に認知され責任がとられていないために、敏感な状態にある。東アジア諸国とは経済面で関係を築いているが、それでもなお、日本の軍国主義復活に対する恐れは、アジア全体に広く残っている。

日本は1950年代以降、驚くべき経済成長を遂げることになる。1980年代の前半には、世界の国民総生産（GNP）に自国のそれが占める割合が、3％から16％へと大きく跳ね上がった。世界第2位のGNPを築き、世界でも有数の金融資産の持ち主となり、政治によって規制があったにもかかわらず、日本はそのとき経済大国であり「未来の第3の大国」であると認められたのだ。

1980年以降、米国は防衛体制の強化にあたって、日本のさらなる協力を求めたいと考えながらも、それによって日本が再び支配欲に目覚めるのではないかという懸念があり、協力を求めるにはためらいがあった。一方日本は、経済力と財政力に加え軍事力を備えるべきか否か、プラス面とマイナス面を検討していた。2000年代に入ると、日本は国連安全保障理事会の常任理事国の座を志願するようになった。

冷戦の終焉は、アジアの国家間に敵対関係の解消をもたらさなかった。中国と経済面で相互依存の関係にあり、また北朝鮮の脅威は抑えることができるようにみえるにしても、日本は自国の安全に懸念を抱きつづけている。さらに、未解決の領土問題が、ロシアとの関係に重くのしかかっている。こうしたことから、日本は安全保障の上で米国に大きく依存している。そのため、米国に対する外交上の駆け引きの余地は限られている。

日本にとっての難問は、中国とロシアから自国の主要な利益（エネルギーの保障）を守ることである。軍事力を拡大するには、世論を動かし憲法を改定することが必須である。しかも、米国の承認なしに実現することは不可能であり、その上アジア諸国の不安をよみがえらせることは確実だ。その中で2009年に選挙で信託を受けた新しい政権は、米国からのさらなる自立を求め、中国と協力したいとする方針を打ち出した。

> アジアから日本の軍国主義復活に対する懸念は消えない。

北極海

ロシア

ウズベキスタン
タジキスタン
モンゴル

イラク・クルド自治区

中国

北朝鮮

米国
国連安全保障理事会

日本

韓国

インド洋

太平洋

- ☢ 北朝鮮核危機および危機解決のための関係諸国
- ⇧ 朝鮮半島の南北対話
- ☾ 中国の仲介
- → 経済支援

- ←···→ デリケートになった戦略的関係
- → 外交上の接近
- ←•→ 強固な経済関係
- ←→ エネルギー確保と「エネルギー外交」

韓国から見た世界 Le monde vu par... La Corée

韓国にとって、南北に分断された朝鮮半島の統一が国家の重要な目標であることは間違いない。

第2次世界大戦後、朝鮮半島は38度線を境に、それぞれソ連と米国に占領された。1950年、北朝鮮はソ連と中国を後ろ盾に、米国の支援を受けている韓国に対して戦争を引き起こした。これは、冷戦期間中で最も重要な戦争であった。

最終的に、朝鮮戦争は休戦状態となる。有事の緊張感を背景に、資本主義の南、共産主義の北、双方ともに独裁体制が敷かれていた。産業化と教育に力を注ぎ、資本主義を発展させた韓国は、北朝鮮と反対に急成長を遂げた。

1980年代に韓国は民主化し、市民社会が誕生し、そこでは市民団体や政治組織がめざましく発展した。

1990年代以降、韓国は北朝鮮に対して、以前よりも穏健な態度を示すようになった。韓国と北朝鮮両国の国民は、政治的な分断を超えて一つの文化と一つの言語を共有する、数千年の歴史を持つ一つの民族に属していると考えているのだ。

韓国は北朝鮮との対立を危惧しつつ、北の体制の崩壊を憂慮している。崩壊すれば、早急な統一が必至になり、それがもたらす経済的・社会的コストに耐えるのは困難だろうとみているからだ（北朝鮮の人口は2300万人、韓国は4800万人）。

1895年の日本による侵攻まで、中国が数世紀にわたって朝鮮を支配してきたが、中国と韓国の関係は良好である。韓国は中国を、経済活動のパートナーであり、北朝鮮の動きを抑える役割を果たす存在だとみなしている。

これに対して、1895～1945年の間、朝鮮をアジア侵略の足掛かりとし、富を搾取し人々を隷属させた日本との関係は、中国とは事情が違う。日本の謝罪が不十分かつ遅過ぎたために、両国の和解が妨げられているのだ。

1988年のソウルオリンピックの開催、2002年のサッカーワールドカップの共同開催で、韓国はナショナリズムを平和的にアピールした。

韓国は日本と同様、米国の庇護に依存している。しかし韓国は中国の脅威を日本ほど大きく感じていないため、米国から自立したいという思いは強い。韓国の若い世代は米国によい印象を抱いていないのである。ブッシュ政権下の米国による圧力は、安全よりも脅威をもたらすものとみなされた。北朝鮮を「悪の枢軸」に含めたこと、北朝鮮に対して長い間攻撃的な制裁の態度をとったことが韓国にはマイナスに映った。

両国の関係を複雑にしているのは、米国と韓国には商業上の利害の対立があり、韓国は米国の戦略的な目標の一環で駒として扱われている印象を抱いていることである。

韓国は国際社会で自立し、米国と協力関係を保ちつつも、外交で駆け引きをする余地を持つことを願っている。また、南北の再統一を望んではいるが、慎重な調整を経てからがよいと考えている。そのために、北朝鮮が一気に崩壊しないよう、韓国には援助する用意があるのだ。

米国との協力関係を保ちつつ、
国際社会で自立した立場を目指す。

116

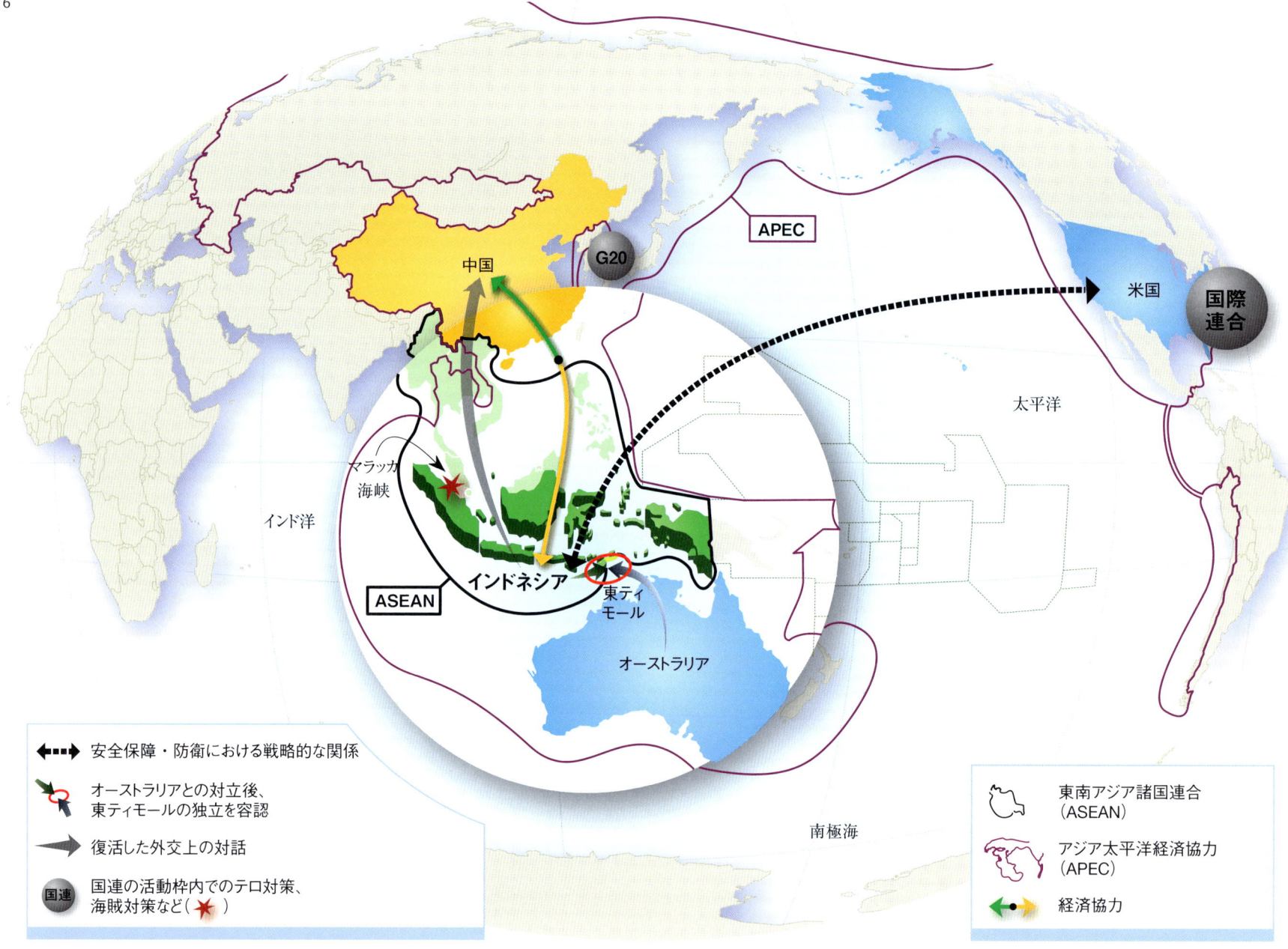

APEC

G20

中国

米国

国際連合

太平洋

マラッカ海峡

インド洋

ASEAN

インドネシア

東ティモール

オーストラリア

南極海

凡例	
◄┅┅►	安全保障・防衛における戦略的な関係
	オーストラリアとの対立後、東ティモールの独立を容認
→	復活した外交上の対話
国連	国連の活動枠内でのテロ対策、海賊対策など（★）
	東南アジア諸国連合（ASEAN）
	アジア太平洋経済協力（APEC）
←→	経済協力

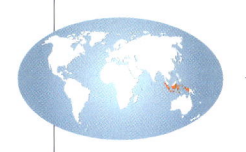

インドネシアから見た世界 Le monde vu par... L'Indonésie

　オランダの植民地となり、200年かけて統一されたインドネシアは、1万7508の島で構成される広範な地域にわたる国家であり、その人口には300の民族が含まれる。

　独立宣言は、第2次世界大戦の終わりになされた。1965年にスハルト将軍が、共産主義に対する戦いの一環として米国から支援され、クーデターでスカルノの革新的体制を倒した。

　クーデターとその余波によって、50万人近くが犠牲となった。そのときからインドネシアは、米国に協調するために、第三世界のリーダーの座から降りたのである。

　1998年の経済危機は激しい暴動を招き、民主化の動きがこれを静めた。以後、この国では民主主義が重んじられている。

　第三世界の台頭を示した1955年のバンドン会議の精神を取り戻し、それを誇りにして、インドネシアは南側諸国の代表になろうとしている。この若い民主国家は、独立・民族自決・内政不干渉の政治原則が自国で功を奏しており、その原則に忠実であるという模範になろうとしているのである。

　インドネシアは東南アジアで第1位の経済大国であり、世界で4番目に人口が多く、世界最大のイスラム教徒人口数を抱える国である。

　インドネシアの諸島を横切る形で、世界の主要航路であるマラッカ海峡がある。混乱と対立の時代を経て、インドネシアは1999年に東ティモールの独立を認めた。この地は、スハルト政権が1975年に武力併合した地域である。

　インドネシアはASEAN（東南アジア諸国連合）の結成時の原加盟国であり、加盟国の中でも一番大きな国である。次いでインドネシアの影響力が及ぶのは、1989年に設立されたAPEC（アジア太平洋経済協力）フォーラムである。また同様にイスラム諸国会議機構（OIC）にも加盟している。

　インドネシアは米国と緊密な軍事的関係を保っている。同時に善隣政策の名目で、1990年以降、中国との関係を発展させ、国交を正常化させた。そしてついに、インドネシアは「新興国」の一員として2008年のG20に参加した。

> 最大のイスラム教国、そして新興国の代表。

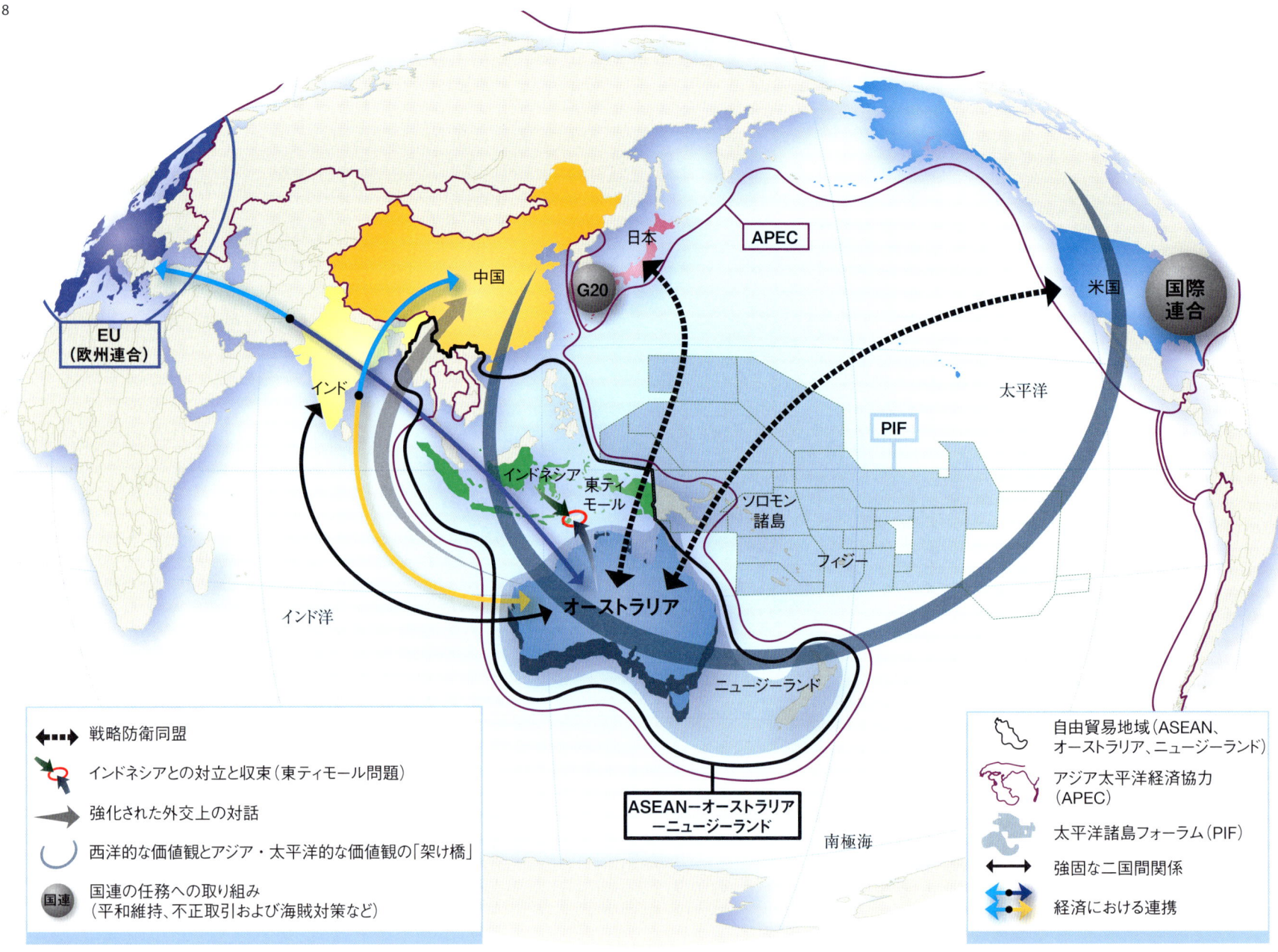

←--→ 戦略防衛同盟	自由貿易地域（ASEAN、オーストラリア、ニュージーランド）
インドネシアとの対立と収束（東ティモール問題）	アジア太平洋経済協力（APEC）
強化された外交上の対話	太平洋諸島フォーラム（PIF）
西洋的な価値観とアジア・太平洋的な価値観の「架け橋」	←→ 強固な二国間関係
国連 国連の任務への取り組み（平和維持、不正取引および海賊対策など）	経済における連携

ASEAN－オーストラリア－ニュージーランド

オーストラリアから見た世界　Le monde vu par... L'Australie

18世紀の終わりに、英国がオーストラリアに入植した。大陸と島で構成されるこの国は、当初はかつての流刑者で占められ、ヨーロッパ列強の他の植民地と同様に、原住民の土地の権利や社会的権利はまったく無視された。

そして1901年に独立。2つの世界大戦では、連合国側について参戦した。

オーストラリアは、フランスの14倍の面積を持つ広大な国だが、人口は3倍にも満たず密度が低い。農業大国であり、鉱物およびエネルギー資源にも非常に恵まれている。

外交政策は、英国に追随した後、米国に沿った形をとっている。冷戦の間、オーストラリアは西側諸国にとって揺るぎない同盟国であった（ANZUS：太平洋安全保障条約、1951年締結）。1970年代の半ば、太平洋域で行われたフランスの核実験には激しく反対した。その後2001年には「対テロ戦争」とイラク戦争においてブッシュ政権を支持した。

もっとも、オーストラリアは太平洋地域の世界に所属しているという自覚があり、アジアの周辺諸国と良好な関係を築く必要性を感じていることから、APEC（アジア太平洋経済協力）のメンバーでもある。

アジア・太平洋諸国の中にあって、ヨーロッパからの移民で構成され、西洋の白人文化を土台として原住民からの略奪によって築かれたこの国は、潜在的に周囲から敵視される環境にある。だが、オーストラリアは、アジア・太平洋地域で西洋的価値を代弁する国になりたいと望んでいるのだ。そしてそれと同時に、人口がまばらなこの国は、アジアの人口増加の勢いにのみこまれることに懸念を抱いている。

地理的には比較的孤立しているにもかかわらず、現在では国際的な問題に取り組み、多くの平和維持の任務に参加している。1975～1998年にインドネシアがティモール島を占領していた間は、インドネシアの立場に配慮していた。

APECでオーストラリアは、アングロ・サクソンの同胞（APECにはアメリカとカナダも参加している）、帰属している地域、そして中国との必要な対話とのバランスをとりたいと望んでいる。オーストラリアは現在、G20の一員である。

> イギリス連邦に深く根を下ろしていても、オーストラリアは「太平洋」の国である。

カナダ	
米国	国際連合 国連安全保障理事会
NAFTA （北米自由貿易協定）	
メキシコ	キューバ
	ベネズエラ
	ブラジル
ラテン・アメリカと カリブ海地域	
アルゼンチン	
チリ	

ICC*

EU（欧州連合）

凡例

- 🌑 国際機関への参加の熱意
- ---🔴 国連安保理常任理事国入りを希望
- ◀┅▶ 連合協定と戦略的連携
- ⬇ 接近政策（アルゼンチン、ブラジル、チリ）
- ➡ 競合国

*国際刑事裁判所

メキシコと米国

- ↪ 経済的には概ね統合の方向へ、しかし政治的自立は維持する意向
- /// 合法移民：1200万人のメキシコ人
- ⇅ 移民問題の対立、不法移民は400万～800万人
- 〰 3000 kmの壁

メキシコから見た世界　Le monde vu par... Le Mexique

「哀れなメキシコ、神からは遠すぎ、アメリカからは近すぎる！」

この言葉が示すとおり、1821年に独立したこの国にとって、米国に隣接していることは、必ずしもよいことではなかった。両国が戦った1846〜1848年のたった一度の戦争で、メキシコはカリフォルニア、ニューメキシコ、アリゾナ、テキサスを失ったのである。1861年にはフランス軍に侵攻されたが、これはフランス皇帝ナポレオン3世の失敗に終わった。そして1911年のメキシコ革命後すぐに、米軍が再びメキシコのベラクルスに侵攻している。メキシコが国民主権・領土の保全・内政不干渉の原則に執着するのは、こうした歴史を経ているからである。

米国との関係が、メキシコの政治の大部分を決定する。そのため1938年の油田の国有化は、社会的公正というより国家独立の手段としてとらえられている。3000kmにわたる共通の国境がある以上、互いのことを無視するわけにはいかないが、歴史的背景と両国の生活水準の格差のために、関係は穏やかではない。冷戦の間、メキシコはキューバとの違いを示しつつも、カストロ政権と良好な関係を保ち、ラテン・アメリカに対する米国のさまざまな不当な介入を非難してきた。

アメリカとの外交における駆け引きの余地を確実にするために、メキシコは非同盟国の活動のリーダーとしての地位を確立した。産油量の増加が、1973〜1974年の第1次石油ショックの後に新たな富を生み出したが、自立が揺らがないよう、石油輸出国機構（OPEC）には加入していない。

メキシコは軍事力増強を無益と考え、進めていない。というのは、メキシコが軍事力で対抗するには、北に隣接する米国は強大すぎ、南の中米諸国は弱小すぎるからである。

1992年、米国およびカナダとともに、メキシコはNAFTA（北米自由貿易協定）に調印した。こうしてメキシコの輸出の85％を米国が吸収することになったが、これに対して米国の対メキシコ輸出の割合はわずか10％足らずである。

2003年、非常任理事国として参加した国連安全保障理事会で、メキシコはイラク戦争に反対した。また、国際刑事裁判所（ICC）の規程に批准した。こうした行動に対して米国は苛立ちを見せたが、メキシコはさらに京都議定書にも批准した。米国が国境沿いに建設した不法入国を阻止するための壁は、両国の激しいさかいの新たな原因となっている。

文化的には大きな違いがあるが、メキシコはいくつかの点でカナダと同じ状況に置かれている。つまり、自国にとって必要不可欠でもあり、わずらわしくもある米国の超絶大国としての権力に対して、まず自らの態度を決めなければならない立場にあるということだ。

ラテン・アメリカ諸国における優位性をブラジルと競い合う存在になろうとして、メキシコもまた、国連安全保障理事会の常任理事国入りを希望し、北アメリカと南アメリカの橋渡し的な役割を担う国になりたいと望んでいる。

> メキシコは、2つのアメリカ大陸の橋渡し的な国になることを望んでいる。

122

地域統合

- ⇢⇠ 戦略的抵抗と自立の意志
- ← 関係継続または危機解決への関与
- ← 主導権争い
- ✱ 不協和音（ホンジュラスの選挙、米国とコロンビア間の軍事協定）

確立しつつある地域統合
強化されるべき関係

凡例（右下）

- ● 国際機関：確立しつつあるG20体制 改革すべき国連安全保障理事会
- ⇠ 国連安保理常任理事国入りを希望
- ⟷ 交渉中の商業上の連携関係
- 戦略的連携：
  - ⇠⇢ インド・ブラジル・南アフリカ共和国対話フォーラム（IBSA）（南南協力）
  - → 発展中の連携
  - → 積極的な「政策」

地図中のラベル

ロシア／中国／G20／米国／国連安全保障理事会／メキシコ／ホンジュラス／カリブ海地域／コロンビア／アンデス共同体／WTO（世界貿易機関）／EU（欧州連合）／アラブ諸国／アフリカ／インド／ブラジル／大西洋／ラテン・アメリカとカリブ海地域／太平洋／インド洋／アルゼンチン／メルコスール／南アフリカ／南極海

ブラジルから見た世界 Le monde vu par... Le Brésil

　可能性を秘めたラテン・アメリカの大国、ブラジルは、有利な要素を多く持っているため、国際的に重要な役割を果たせると見込まれているが、今日までその役割を担うことはなかった。

　1817年に米国のモンロー大統領が派遣した使節団は、ブラジルに米国の未来の競争相手としての一大帝国の姿を予測していた。しかし20世紀も終わりになるころには、この国はむしろクレマンソー（19世紀末から20世紀にかけてフランスでジャーナリスト、政治家として活躍。第1次大戦時の首相）の「ブラジルは未来の国だが、その未来は遠い」という有名な言葉を立証してしまっていた。

　国土が広く、人口も多いため、近隣諸国の標的になることはなかった。またヨーロッパや北米大陸の列強から離れていることも幸いした。こうしたことから、1822年の独立以来、ブラジルは南米大陸の他の国々と同様に、国際的な諸問題には間接的な形でしか関わらずにいた。長きにわたってアルゼンチンが同じ地域の競争相手であったが、それは今日では、ラテン・アメリカ最大のスペイン語国であるメキシコになった。

　冷戦中は、先祖の国が属する西側陣営についた。1964年以降、米国がブラジルの抑圧的な軍事独裁体制を支援したため、米国に対するブラジルの世論は否定的なものになった。冷戦がラテン・アメリカに直接の影響を及ぼさなかったのは確かだが、軍事独裁政権とゲリラがこの地域に登場したのはこの時期である。

　その後の民主主義への回帰と経済発展が、ブラジルを有利に導いた。米国の要求に抵抗して、NAFTA（北米自由貿易協定）への参加を拒否し、近隣諸国とともにメルコスール（南米南部共同市場）を設立し、それをアンデスの国々まで拡大しようとしている。

　2002年の選挙でルラ大統領が当選した。彼は米国との関係も含めて慎重な国の運営を行いながらも革新的な内容の演説を行うのが巧みで、カリスマ的指導者となった。

　ブラジルは地域的なリーダーにとどまらず、世界の新興大国の一つになりつつある。BRICs（ブリックス）諸国の「B」はブラジルを指している（その他はロシア、インド、中国）。

　ブラジルは国際貿易の自由化と集約農業を自国の発展の足掛かりにしている。WTO（世界貿易機関）で重要な役割を担うブラジルは、国連安全保障理事会の常任理事国の座を得るために活動し、今日では、国際規模の戦略に関する大きな討議の場にも登場するようになった。だが、環境に配慮しない開発や、アマゾンの広大な森林破壊のために、批判の矢面に立たされている。今後は気候問題の協議を中心に、ブラジルの役割は大きくなっていくとみられる。

> ブラジルは、地域のリーダー、そして世界の新興大国であることを望んでいる。

124

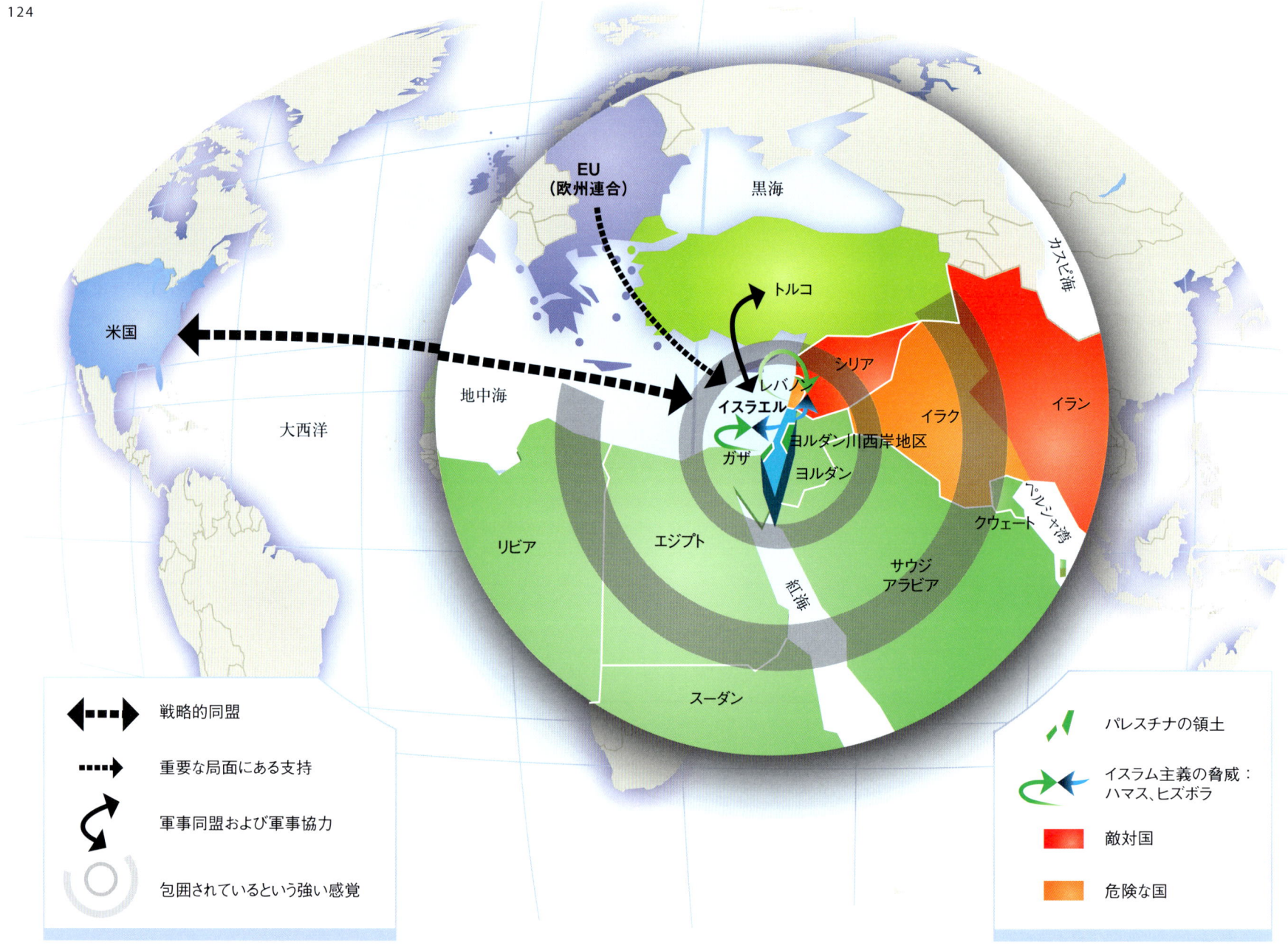

地図の凡例

- ◀┅┅▶ 戦略的同盟
- ┅┅▶ 重要な局面にある支持
- ↻ 軍事同盟および軍事協力
- ◯ 包囲されているという強い感覚

- パレスチナの領土
- イスラム主義の脅威：ハマス、ヒズボラ
- 敵対国
- 危険な国

地図上の地名

米国、大西洋、地中海、黒海、カスピ海、EU（欧州連合）、トルコ、シリア、レバノン、イスラエル、ヨルダン川西岸地区、ガザ、ヨルダン、イラク、イラン、クウェート、ペルシャ湾、リビア、エジプト、紅海、サウジアラビア、スーダン

イスラエルから見た世界 Le monde vu par... Israël

　1〜2世紀に、ローマによって離散を余儀なくされたユダヤ人は、その後、数世紀にわたって幾度も迫害された。1492年、カトリック信徒のイサベル女王によって、ユダヤ人はスペイン王国から追い出される。だが、1789年のフランス革命では、ユダヤ人の権利がフランス国内で認められた。ロシア帝国での差別や迫害はとりわけひどく、19世紀はその最たる時代であった。その他のヨーロッパ各地でも、彼らは反ユダヤ主義の犠牲になりつづけ、暴力の対象となることも多かった。

　こうした人種差別に対する反撃として、テオドール・ヘルツルが1896年に刊行した著書『ユダヤ人国家』は、シオニズムと呼ばれるユダヤ国家復興運動の基盤となった。シオニズムは、19世紀にヨーロッパ諸国で盛んになった民族主義運動の延長であり、迫害から逃れる先となるユダヤ人の国の樹立を目指すことによって、ユダヤ人の民族意識を再確認する運動であった。

　「国のない民へ、民のいない国を」というスローガンのもと、1917年、英国の外務大臣バルフォア伯爵は、パレスチナにユダヤ人居住地を作ることに賛意を表明したが、これは英国がアラブ人と交わした「オスマン帝国からの完全な独立」という約束と矛盾していた。実際、「国のない民」がいたとしても、「民のいない国」は存在しないのである。

　ヨーロッパの2度の大戦の間に、反ユダヤ主義はいっそう激しくなり、それが原因で多くのユダヤ人が移民となってパレスチナへ行った。まさにこの行動が現地に緊張を生むことになる。

　第2次世界大戦後、ナチスによる虐殺への反動でユダヤ人のための国家樹立という案が幅をきかせるようになった。当時、50カ国前後の加盟国（南側諸国は非常に少なかったが）を抱えていた国際連合は、英国の委任統治領であったパレスチナをユダヤ人とパレスチナのアラブ人で分割する案を提示した。しかし近隣のアラブ諸国はこの解決方法を拒否し、新しい国であるイスラエルに対して1回目の戦争を起こす。これはアラブ諸国の敗退に終わった。それ以来イスラエルはパレスチナの78％の土地を支配下におさめた。

　イスラエルは、ナチスによる虐殺の記憶や各国に残る反ユダヤ主義に加え、アラブによって存在を否認されているために、多くのユダヤ人にとって避難国になっている。だが、周辺諸国が自国の消滅を望む敵対的な環境の中で、国の存在そのものが脅威にさらされているという意識を常に感じてきた。1967年の戦争の際に、イスラエルは残っていたパレスチナの領土22％分と東エルサレムを獲得した。この地域はパレスチナ国家が将来建設される場合に領土の中心となるべき地域であった。フランス大統領ド・ゴール将軍は、このイスラエルによる侵攻を非難した。こうしてフランスとの戦略的同盟関係が決裂し、米国との同盟関係が始まる。

　当時イスラエル国民は、自国が中東にありながらも西洋の民主国家であると自負していたが、多くの人々からは、東西二極対立における米国側の前線基地とみなされていた。冷戦後も両国の友好関係は盤石であるように見えるが、さらに2001年、米国が唱える「対テロ戦争」によって新たな絆が結ばれた。

　領土を守るための核兵器の保有、文句なしでアラブに対し優位にある軍事力、戦略的な保証、米国からの多岐にわたる支援、アラブ諸国から繰り返し申し出がある和平交渉――これら安心材料が多々あるにもかかわらず、イスラエルはなおも国家の崩壊を危惧しているのである。イスラエルの政治首脳部には、軍事的な優位とパレスチナ領土の占有を継続することだけが国民の安全な生活を可能にするという考えがある一方で、和平と正常化を得るためには今こそ近隣のアラブ諸国と領土交渉をしパレスチナの建国を承認するべきだという考えもある。後者の考えはすでにイツハク・ラビン元首相が1990年代半ばに着想していた。イスラエルの世論調査によると、国民は数年前からパレスチナ国家の建国案を受け入れている。だが、それは手つかずで残されたままなのだ。

> 核を保有し優位な立場にありながらも、イスラエルは常に崩壊を危惧している。

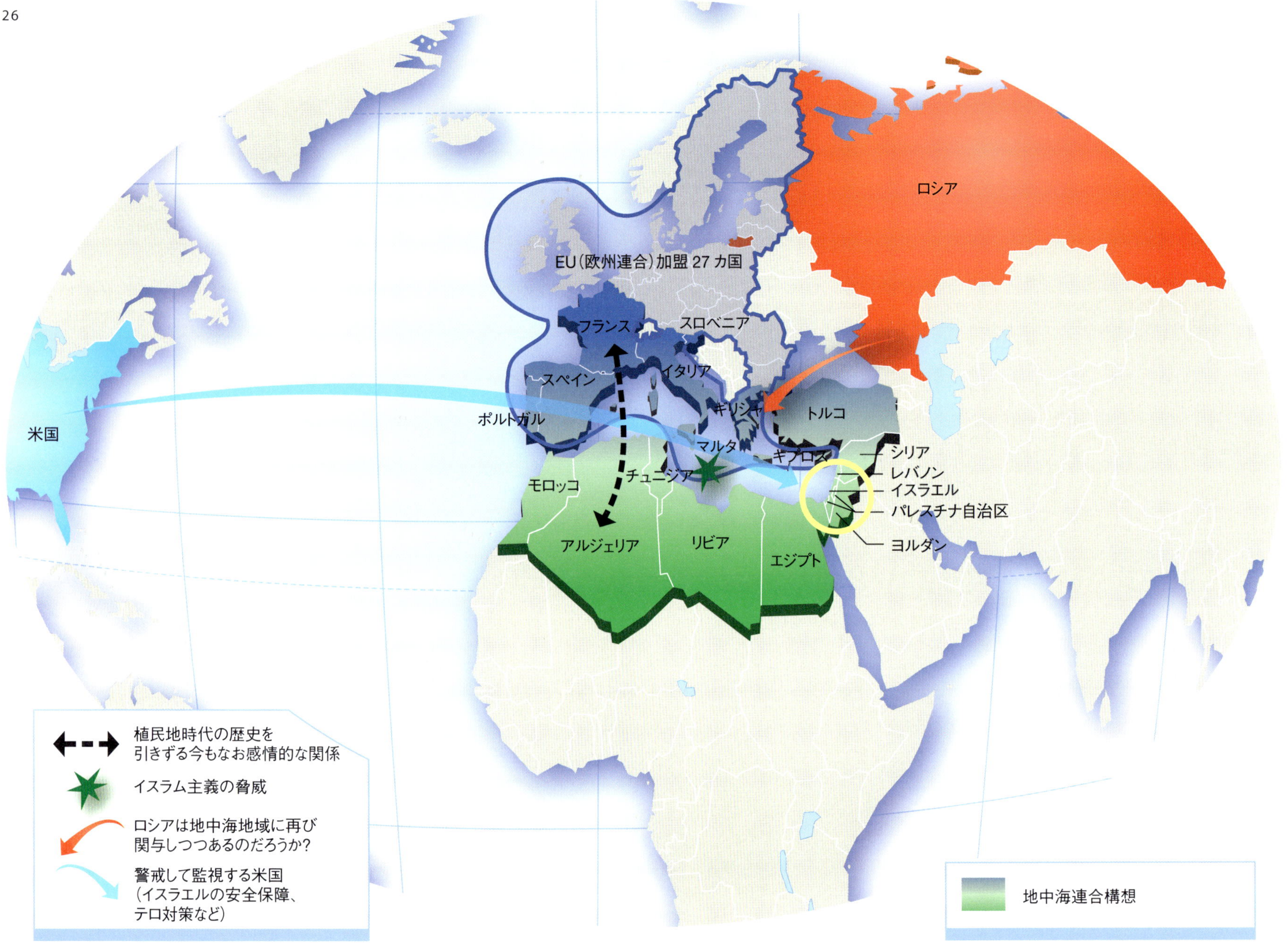
ロシア
EU（欧州連合）加盟 27 カ国
フランス
スロベニア
スペイン
イタリア
ポルトガル
ギリシャ
トルコ
米国
マルタ
キプロス
シリア
レバノン
イスラエル
パレスチナ自治区
ヨルダン
チュニジア
モロッコ
アルジェリア
リビア
エジプト
植民地時代の歴史を
引きずる今もなお感情的な関係
イスラム主義の脅威
ロシアは地中海地域に再び
関与しつつあるのだろうか？
警戒して監視する米国
（イスラエルの安全保障、
テロ対策など）
地中海連合構想

地中海諸国から見た世界 Le monde vu par... Les Méditerranéens

海洋学や気候学、地理学の面から地中海を定義し、それに接する国の一覧（27カ国、アドリア海と黒海を含む場合はさらに増える）を作るのは容易である。その反面、ローマ帝国以降、政治・宗教・言語・文化は国によってさまざまに異なり、対立関係にすらあることは一目瞭然だ。

7世紀に、まだ新しい宗教であったイスラムが地中海南岸と東岸に浸透し、その後数世紀かけてスペインのほぼ全土を征服したことによって、地中海世界は大きく分裂することになった。この分裂はいまだに残っている。そしてさらに地中海世界のイスラム圏はトルコ人とアラブ人の国に分かれ、アラブ人はさらに各国に分かれた。同じように「キリスト教」圏もカトリック教会と正教会の国に分かれた。

では、1948年に建国したイスラエルは、どこに加えるべきだろうか？ イスラエルはアラブ諸国との国交が正常化されておらず、それはパレスチナ国家の建国次第とみられている。

地中海北岸のヨーロッパ諸国は、世界中でも最も発展した豊かな国々を含んでいる。南岸諸国は天然ガスと石油の有無（アルジェリアとリビアはこれらの資源が豊富だが、エジプトは少ない）によって、国民総生産（GNP）の値はさまざまである。しかし国連による人間開発指数によると、これらの国はまだ開発途上の段階にある。

南岸諸国と、それらのかつての宗主国（フランス、英国、イタリア、スペイン）との関係をみると、基本的には争いは鎮静化し（たとえばフランスとアルジェリア間）、両者の関心は未来へと向かっている。

EU（欧州連合）は、ヨーロッパと地中海沿岸一帯の国々の間との経済的・人的相互依存の関係を認識しており、約30年前から地中海南岸に対して、支援政策・善隣政策その他の協定を展開し、1995年以降は「バルセロナ・プロセス」と呼ばれる野心的な連携の取り組みを進めてきた。

南岸諸国はこのプロセスによる財政支援を評価しているが、さらに条件付けの少ない支援を求めている。また、これらの国々はEU市場への参入拡大や移住が限りなく自由になることを望んでいる。反対にヨーロッパ諸国は、強い圧力を受けて、こうした人口流入への監視を強める方向にある。

彼らの言い分によると、イスラム過激派はヨーロッパのマイノリティの中でも大きな存在であるイスラム教徒を基盤として、古くからのキリスト教国をイスラム化しようと夢見ているというのだ。

米国はとりわけ地中海をデリケートな地帯（イスラエルの安全保障問題、テロとの戦いなどから）だとみなしており、第7艦隊の監視下に置いている。ロシアは15年間の沈黙の後、再び地中海に自国の艦隊を配備するようになった。地中海に対する視線は多種多様である。

主としてヨーロッパ諸国の、特にフランスのさまざまな組織が、国や地域相互の違いや困難を越える壮大な「地中海政策」のために活動している。活動の内容は、地中海諸国全体を包括するようなものであったり、あるいはヨーロッパ側の地中海諸国に重点を置くものであったりする。

南北の融合により、マグレブ諸国に1.5％強、EUの地中海諸国に0.5％の成長がもたらされた。フランス大統領は2007年の夏、地中海沿岸諸国で作られる「地中海連合（地中海の連合）」の発足を提案した。しかし、ヨーロッパの各機関やドイツを筆頭にした、地中海に面していないEU加盟国は「地中海南岸に利益をもたらすための連合」という方針を望んだため、連合の名称は「地中海連合（地中海のための連合）」になった。

> 7世紀、イスラムの征服によって、地中海社会は大きく分裂した。

128

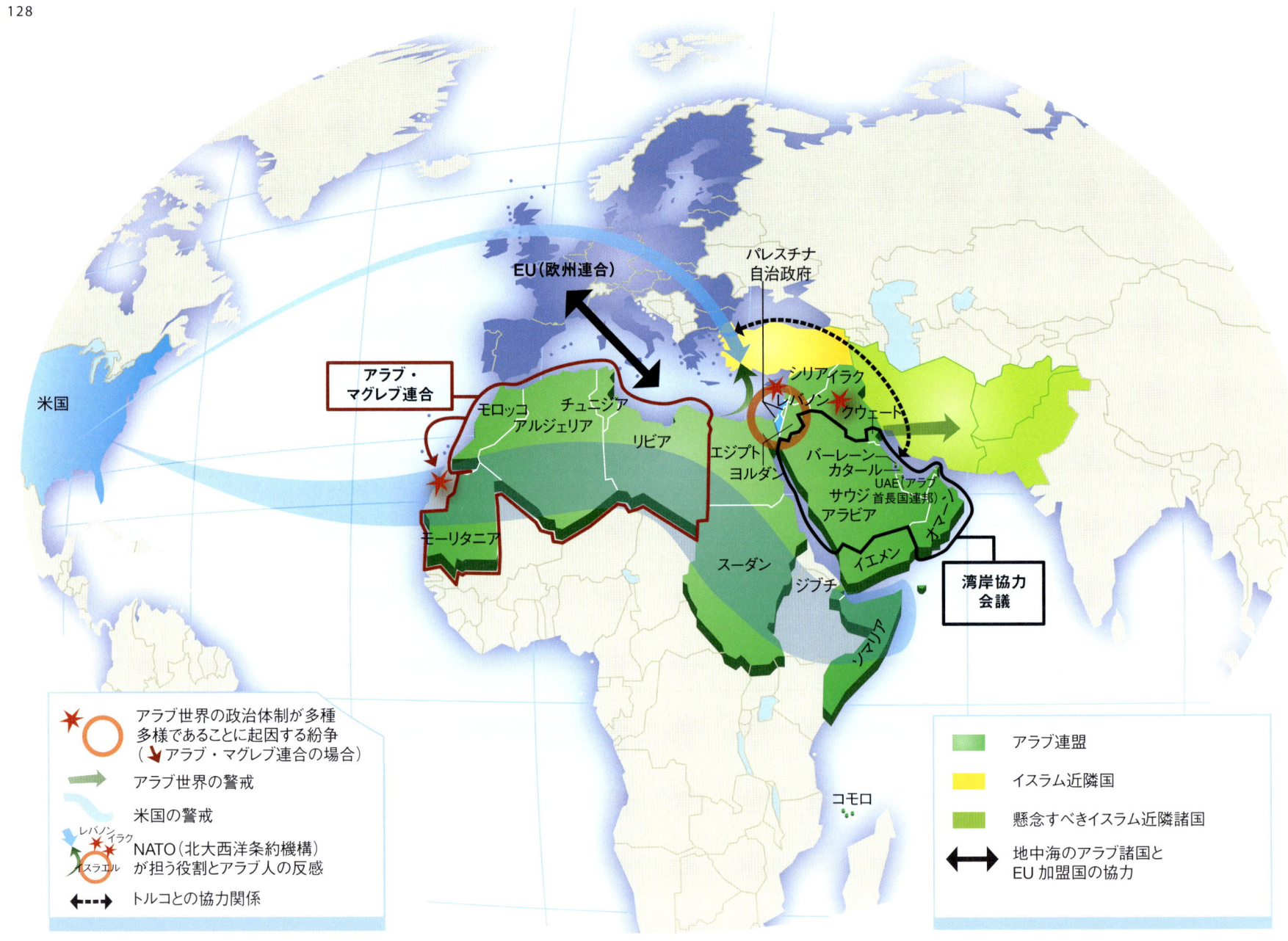

アラブ・マグレブ連合

- モロッコ
- チュニジア
- アルジェリア
- リビア
- モーリタニア

EU（欧州連合）

パレスチナ自治政府

- シリア
- イラク
- レバノン
- クウェート
- エジプト
- ヨルダン
- バーレーン
- カタール
- UAE（アラブ首長国連邦）
- サウジアラビア
- オマーン
- イエメン
- スーダン
- ジブチ
- ソマリア
- コモロ

湾岸協力会議

米国

凡例：

- ★ ○ アラブ世界の政治体制が多種多様であることに起因する紛争（↙ アラブ・マグレブ連合の場合）
- → アラブ世界の警戒
- → 米国の警戒
  - レバノン
  - イラク
  - イスラエル
- NATO（北大西洋条約機構）が担う役割とアラブ人の反感
- ←--→ トルコとの協力関係

- アラブ連盟
- イスラム近隣国
- 懸念すべきイスラム近隣諸国
- ←→ 地中海のアラブ諸国とEU加盟国の協力

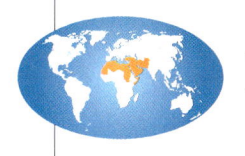

アラブ世界から見た世界　Le monde vu par... Le Arabe

　7世紀に出現し8世紀にはすでに3大陸に広がっていたアラブ文明は、中世のころには競争相手であるキリスト教文明よりも活発で影響力があった。中国文明だけがひけをとらない水準であったといわれる。

　ところが、15世紀にヨーロッパが侵攻し、16世紀にオスマン帝国が中東を統治するようになる。アラブ人はある程度の自治を許されたとはいえ、その後4世紀にわたってオスマン帝国に支配されることになった。

　19～20世紀にかけて、北アフリカはフランス、英国、イタリアの植民地にされた。第1次世界大戦に際してはオスマン帝国がドイツと同盟を結んだので、アラブの大部分は連合軍に味方することによって独立の実現を期待した。しかしその望みは叶わなかったのである。

　サイクス・ピコ協定に基づき、フランスと英国が保護国として中東を分け合い、1917年のバルフォア宣言によって、パレスチナにユダヤ人居住地を作る道が開かれた。アラブはオスマン帝国による支配から、ヨーロッパによる支配へ移行する。

　こうした裏切られた思いに、さらに屈辱感が加わった。第2次世界大戦後のイスラエル国家の樹立は新たな衝撃であり、アラブはヨーロッパの罪を肩代わりさせられているという意識を持った。そして建国直後のイスラエルとの戦争（1948～1949年）に負けたことで屈辱感を抱くようになったのだ。アラブ主義の運動は、この時期から反西洋および反イスラエルを呼びかけるようになる。

　ナセル大統領は1956年にスエズ運河を国有化し、それに反発して派遣されたフランスと英国の軍隊は、米国の有無を言わさぬ指示により強制撤退させられた。この国有化と強制撤退は、西洋への報復とみなされた。しかし1967年の六日戦争の結果、アラブ軍は完敗し、さらなる屈辱を味わうことになる。ここから、アラブ・ナショナリズムの苦悶が始まったのだ。ナショナリズムの失敗、社会とアイデンティティの危機、そして米国に迎合するエリート層の腐敗に対する非難を背景に、イスラム原理主義運動はこの時期に発展したのである。

　今日も依然としてイスラム教徒の結束というよりもアラブの結束がこの地域の大部分の住民によって求めつづけられてはいるが、激しい競争意識によっていくつもの国家に分かれたままである。また、別の矛盾もある。米国は政治・軍事・財政の面でイスラエルとイスラエルによるパレスチナの占領を支援しており、さらにイラク戦争の当事者でもあるため、アラブ社会には反米感情が蔓延している。しかしアラブ諸国の政権のほとんどは、米国と安全保障の協定を結んでいるのだ。

　イスラエル・パレスチナ紛争の長期化とパレスチナ人の難民問題は、アラブ世界の世論を動かしてきた。また、この状況はかなり以前から、アラブのいくつかの体制によって、民主主義の不在や内部の社会問題（イスラム主義の台頭など）を隠蔽する建前として利用されてきた。

　さらにイラク戦争は、アラブの世論および体制に対して過激化しフラストレーションを抱えるさらなる要因を与えてしまった。外部から押しつけられた民主化は不可能でもあり無謀でもあったのだ。

　アラブ世界はいまや三重の試練に直面している。すなわち近代化、民主化、イスラム主義の解消である。これらは欧米からの干渉によるものだが、欧米はあまりに不手際であり、期待とは裏腹の結果をもたらすことになった。

パレスチナの状況は建前として使われている。

凡例

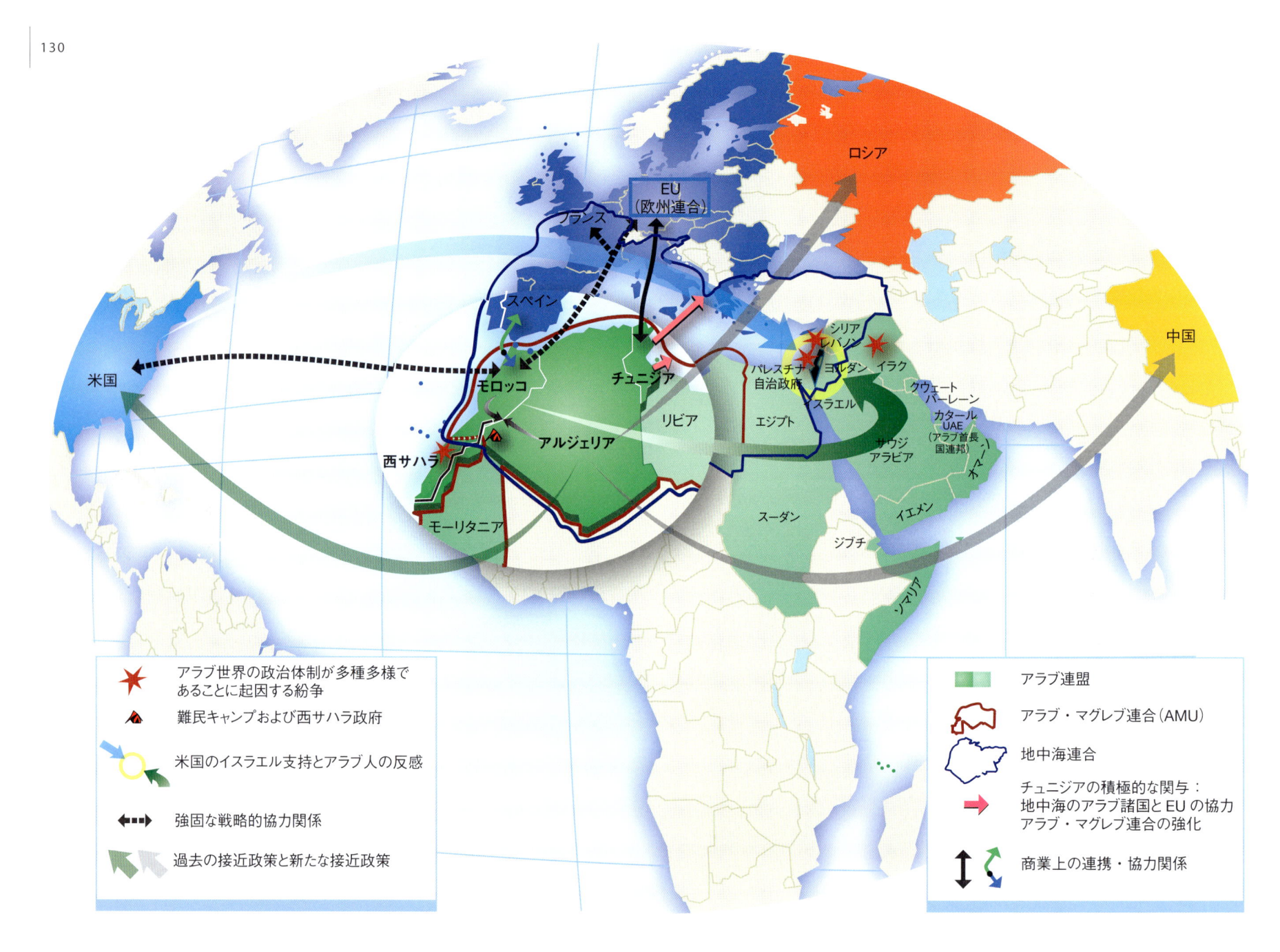

地図上の要素:
- ★ アラブ世界の政治体制が多種多様であることに起因する紛争
- ⛺ 難民キャンプおよび西サハラ政府
- 米国のイスラエル支持とアラブ人の反感
- ◄--► 強固な戦略的協力関係
- 過去の接近政策と新たな接近政策

地域・連合:
- アラブ連盟
- アラブ・マグレブ連合（AMU）
- 地中海連合
- チュニジアの積極的な関与：地中海のアラブ諸国とEUの協力、アラブ・マグレブ連合の強化
- 商業上の連携・協力関係

地図上の国・地域名:
米国、EU（欧州連合）、ロシア、中国、フランス、スペイン、モロッコ、チュニジア、リビア、エジプト、アルジェリア、西サハラ、モーリタニア、スーダン、ジブチ、ソマリア、イエメン、サウジアラビア、オマーン、UAE（アラブ首長国連邦）、カタール、バーレーン、クウェート、イラク、ヨルダン、イスラエル、パレスチナ自治政府、シリア、レバノン

マグレブから見た世界　Le monde vu par... Le Maghreb

　マグレブという語は、アラビア語のAl-Maghrib（アル・マグリブ）が語源であり、「日の沈む場所」または「西」を意味する。7世紀にアラブ人に占領された北アフリカは、モロッコを除いて16世紀にオスマン帝国に吸収され、その後フランスの植民地となった（アルジェリア1830年、チュニジア1880年、モロッコ1912年）。1956〜1962年の間に、マグレブ3国は独立を勝ち取りアラブ連盟に加盟した。

　マグレブ3国はアラブのイスラム教徒としての揺るぎない帰属意識（その背景にはベルベル語話者であるという根強い共通点もある）を共有しているが、内政と外交はそれぞれまったく違う方向に進んでおり、「アラブ・マグレブ連合」の存在にもかかわらず、共通の政策を決めるまでに至っていない。独立後、アルジェリアは進歩主義・第三世界主義の方針をとったが、モロッコは西側寄りの君主制を敷いた。さらに、アルジェリアがサハラでモロッコの統治を拒否するポリサリオ戦線へ支援したため、アルジェリアとモロッコ間はいまだに断絶しており、両国間の国境は閉ざされたままである。他方、チュニジアは他の2国に比べ着実な発展をしてきたが、2011年1月、民主化革命が起こり、アラブ世界内外で大きな波紋を呼んだ。

　マグレブ3国圏内での商業活動は、これらの国の国内総生産（GDP）の3％しか占めていない（たとえば、EU〈欧州連合〉圏内の場合は60％、ASEAN〈東南アジア諸国連合〉圏内は22％、メルコスール〈南米南部共同市場〉圏内は20％である）。

　ある経済専門家は、マグレブ以外の諸国との商取引による非効率性で生じるコストおよび7500万人を抱えるマグレブ市場の非統合によって、毎年3％の成長低下が起こっていると指摘している。独立後半世紀にわたって、マグレブ諸国の経済的・人的交流はヨーロッパ優先になされてきた。

　それでも、3国ともそれぞれ異なる外交を進めている。長らくソ連と関係を結んできたアルジェリアは、対テロ対策の枠内で、ブッシュ政権下の米国と親密になった。モロッコは以前から軍事的な連携をフランスと並行して米国とも結んでいる。また、チュニジアは、フランスと緊密な関係にあり、それほど米国寄りとみなされずに西側の立場を保っている。

　いずれにしても政府の親米路線は、国民がパレスチナ問題に非常に敏感で米国のイスラエル支援を非難しているという反米感情と矛盾するものである。マグレブの世論はイラク戦争もアラブ世界に対する攻撃とみなし、激しい反対の声をあげていた。

　また、同じくアフリカ大陸に属しながら、マグレブ諸国とサハラ砂漠以南のアフリカ諸国との関係は発展していない。

> マグレブ3国は、文化的なつながりはあるものの、連携関係はない。

北極海

ロシア

米国

大西洋

中国

イラン
イスラエル
パキスタン
インド

太平洋

インド洋

凡例	
敵対国	
慎重な態度を示す連携国	
●	近隣の核保有国
⬚	米国による包囲網
←	イスラエル国家承認拒否

イランから見た世界　Le monde vu par... L'Iran

　ペルシャ帝国の繁栄と権力のかすかな記憶、帝国の富に惹かれた近隣諸国による征服の試みの生々しい記憶、自国の戦略的な位置づけと他国に比べ強いとはいえない軍事力、あらゆる領域にわたる絶えることのない危惧の念—これらすべてをイラン人は共有している。その結果、激しい民族意識が生まれ、そこにイスラム主義の戦闘的な態度が組み込まれた。イランは世界を恐れているが、世界を脅えさせてもいる。

　オスマン帝国にはイスラム教のスンニ派が浸透したが、それとは対照的にペルシャ帝国には16世紀初頭からシーア派が定着した。19世紀から20世紀前半にかけて、イランはロシアと英国の圧力に直面した。
　1951年に石油の国有化を実現したモハンマド・モサデク首相の民主主義体制は、1953年に国王派のクーデターで覆される。
　国王は米国の支援を受けながら近代化を推進すると同時に、権威主義的な政治を行った。米国は国王の政権を「ペルシャ湾の憲兵」に仕立て上げる意図を持っていた。
　湾岸諸国の中でイランはアラブではなくペルシャ人の国であり、豊かで、近隣のアラブ諸国よりも人口が多く、米国およびイスラエルと戦略的関係を結んで優位に立った。

　それから25年後の1979年、宗教・社会革命が王制を打倒し、ホメイニ師が権力の座に就いた。人口の大部分をシーア派が占める数カ国を含む湾岸諸国、そしてその他すべてのイスラム教国が、イラン流の政治・宗教体制による影響が自国にも広がることを懸念した。イランは米国との関係を断ち（米国を「大悪魔」と称した）、国際条約を無視して、テヘラン駐在の米国外交官を人質にとった。その結果、外交・軍事・商業すべての面において両国の関係は断絶した。
　1980年には、サダム・フセイン政権下のイラクが、たやすく勝利できると見越してイランに侵攻する。いくつかの西側諸国とアラブ諸国は、イランのシーア派イスラム革命は何よりも危険だと考えてイラクを支援し、イラクはその支援を受けながら化学兵器までも使用してイランと戦った。8年間続いた戦争は100万人の犠牲者を出し、膠着状態となったまま休戦となった。

　イランが1990〜1991年の湾岸戦争で中立の立場をとったことから、大統領就任2期目に入っていたクリントン政権下、米国との関係改善の方向で小さな進展があったものの、和解には至らなかった。あらゆる脅威や敵対的な包囲（アラブ諸国、タリバンのアフガニスタン、イスラエル、パキスタン、トルコ、米国）によるイランの疎外感は計り知れない。
　ブッシュ大統領が2002年に発言した「悪の枢軸」に、イラク・北朝鮮とともにイランが含まれたことで、その意識はさらに強まった。
　イラク戦争の結果、イラン国境に多くの米国軍が配備されることになったものの、同時にイランに敵対してきたイラクの権力が打ち砕かれた。

　以来、イスラエルに対するアハマディネジャド大統領の居丈高な態度や軍事目的であるとの疑いが強まる核開発計画（国王が開始し、その後ホメイニ師が中断したが、イラクの化学兵器による攻撃を受けた後に再開した）によって世界を不安に陥れ、特に西側諸国と近隣のアラブ諸国は懸念を抱いている。
　将来、イランがこの地域で戦略的な鍵を握る国になる可能性はある。だが、それは武力による衝突あるいは体制の変革や地政学的な大転換が生じない限り、小さな可能性で終わるだろう。

> イランは世界を恐れているが、
> 逆にイランが世界を脅かしている。

米国
ニューヨーク
2001年
9月11日

モロッコ
「公正と慈善」運動
(アル・アドル・
ワ・イフサーン)

アルジェリア
武装イスラム集団 (GIA)、
イスラム・マグレブのアルカイダ (AQIM)

リビア
リビア戦闘
イスラム集団
(GICL)

エジプト
イスラム集団
(ガマーア・
イスラーミーヤ)

イスラエル

アフガニスタン
タリバン

サウジアラビア
スルリーヤ集団

国際組織
アルカイダ
(オサマ・
ビンラディン)

パキスタン、インド (カシミール)、
バングラデシュ、スリランカ
ジャマート・エ・イスラミ

フィリピン
モロ・イスラム
解放戦線

インドネシア
ジェマ・イスラミア

凡例:
- ウンマ (緑)
- 極めて大きな勢力のイスラム主義集団
- 「大悪魔」と呼ばれる米国
- 「小悪魔」と呼ばれるイスラエル
- イスラム主義者によるテロ行為
- イスラム教徒がいる地域

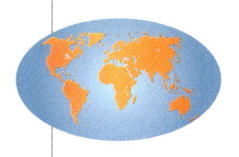

イスラム主義者から見た世界　Le monde vu par... Les Islamistes

イスラム主義者を一般のイスラム教徒やイスラム原理主義者と混同してはいけない。多くの宗教においては、いずれの時代にも内部で極端な偏向が起こるものなのだ。すべてのテロリストがイスラム主義者ではなく、またすべてのイスラム主義者がテロリストになるわけではない。

しかし、戦闘的なイスラム主義者が非常に少数派ではあっても、世界のイスラム主義者の考え方がどのようなものであるかを知っておく必要はある。

イランのイスラム革命に始まり、アルカイダによって象徴化されるいくつもの内戦やテロの波によって人々に広く知られる前には、彼らの思想は、開発・発展を重視し普遍主義に傾倒している西側諸国にとっては文字通り「考えられない」ものだった。

イスラム主義者は、シーア派もスンニ派も、信徒共同体「ウンマ」をイスラム世界全体に設けることを望んでいる。さらに極端な過激派に言わせれば、「ウンマ」は国家そのものを意味する。

たとえば西ヨーロッパ、特にアンダルシア地方のような、追放されたとはいえかつてイスラム教徒が生きた地域や現在イスラム教徒が多数暮らしている地域はどこでもウンマを設立する対象になる。

彼らによれば、この共同体では厳格に解釈されたコーランの規則に従い、厳粛に生活を営まなければならない。つまり、イスラム主義者が最初に戦うのは西側諸国ではなく、コーランを重んじず厳密に実践していないアラブやイスラムの体制、つまりイスラム主義者から見たほぼすべてのアラブ諸国やイスラムの体制ということになる。

1979年以降のイラン、タリバン政権下のアフガニスタン、スーダンの特定の地域以外に、彼らの目標が達成できたところはまだどこにもない。それでもイスラム主義を掲げる政党は存在する。選挙は比較的自由であるため、選挙を行うすべてのアラブまたはイスラムの国の当局者によって、こうした政党は容認（黙認）されている。

その次に、イスラム主義者が戦うのは「十字軍」、すなわち西洋諸国である。なぜ戦うのか？　それは、腐敗したアラブ諸国やイスラム体制、そしてパレスチナを虐げるイスラエルを西側諸国が支援しているからであり、さらに西側諸国で生きるイスラム教徒の信仰生活を妨害し、女性や若者に有害な影響を及ぼすからだ。また、彼らはチェチェン人のためにロシアを、カシミールのイスラム教徒のためにインドを、ウイグル人のために中国を標的とする。

イスラム教徒の将来、すなわち世界の大多数を占める人々の将来は、イスラム主義者と少数派のイスラム近代主義者のどちらが、圧倒的多数の「一般」信者、すなわち信仰に篤くイスラムの生活様式に忠実ではあるが過激主義に走らないイスラム教徒を支配するかにかかっている。

西側諸国は、穏健派イスラム教徒によるイスラム主義者に対する戦いを支援しようとするが、場合によってはその姿勢自体がそうした戦いを不利にもする。テロリストの勝利はないだろうが、どのような政策をとってもテロリストをただちに一掃することはできないとみられる。

> イスラム主義者が最初に戦う相手は、コーランを厳密に実践しないアラブ諸国の体制である。

地図

地図上のラベル:
- 北大西洋
- 米国
- EU（欧州連合）
- 北アフリカ
- モロッコ
- アルジェリア
- エジプト
- サヘル地帯
- セネガル
- ナイジェリア
- ギニア湾
- アフリカ
- サハラ砂漠以南のアフリカ
- 南アフリカ
- 中国
- 太平洋
- インド洋
- 南大西洋
- 南極海

凡例（左）:
- 情勢不安で米国が警戒している一帯
- 現在紛争が起こっている地域
- 米軍の駐留
- 両義的な関係（魅力を感じるのと同時に不信感を抱く）

凡例（右）:
- アフリカ連合加盟国（53カ国）
- アフリカはグローバル化とは無縁といえるだろうか？
- アフリカ開発のための新パートナーシップ（NEPAD）の主導国
- 中国との商業上の連携
- EUとアフリカ間の協力関係

アフリカ諸国から見た世界 Le monde vu par... Les Africains

多くの西側諸国にとって、アフリカは悲劇（ダルフール）、流行病（マラリア、HIV）、軍事クーデター、不正選挙、飢餓（サヘル地帯）の大陸である。

豊かなヨーロッパ諸国は、良心の呵責と寛大さから、アフリカに同情し支援しなければならないと考えている（ODA〈政府開発援助〉、NGO〈非政府組織〉などによる活動）。

しかし、アフリカ諸国はそのように思っていない。あるいは、もはやそのように思わなくなってしまったと言ってもよい。アフリカ54カ国の半数以上が年6％から7％程度の経済成長を経験し、急速に近代化が進んでいる。原料資源に対する世界の需要が高まり、国際市場で価格が上昇しているからだ。アフリカは、もはや過去の植民地時代の宗主国（フランス、英国、ベルギー、ポルトガル）との関係にこだわっていない。今日では、欧州委員会との関係にもこだわっておらず、発展への支援奨励の用意がある組織の一つに過ぎないと見ている。

その一方で、特に資本不足のいくつかの国々（後発開発途上国）は、何よりもまず支援（ODAや負債の軽減）を求めつづけている。自国がある程度の発言権を持てる唯一の枠組みである国連機構と同様に「国際共同体」や多国間組織にも多くを期待しているのである。そして、西側諸国あるいはそれに追随する機関が援助と引き替えに経済的・政治的な条件を増すことに反発を強めている。

このような背景から、アフリカの後発発展途上国は、原料資源に対する中国の関心や中国による支援、中国・アフリカ間のサミット開催に対して、それが自国にとって諸刃の剣であるとわかっていながら、好意的な判断を下している。

一方、米国がギニア湾に特別軍司令部を設置したり、大陸を横断するサヘル地帯を対テロ政策の対象としたりすることには用心深い反応を示すようになった。

アフリカ諸国の多くは、支援政策の恩恵を手放すことなく、さらにはヨーロッパ諸国との以前からの関係を維持するのと同時に無理な条件を付けられることなく、経済の国際市場へ参入しようとしている。そして成長の著しい若い国々にはヨーロッパ進出の可能性がある。

アフリカ統一機構（AOU）の後継組織であるアフリカ連合（AU）は、こうした相反した要求を調整する試みの一環である。また東アフリカおよび南部アフリカでは、地域としての機構が設立された。

現在、ヨーロッパはアフリカを連携相手とみているが、その連携は努力なしに作り上げることはできないのだ。

> アフリカは支援政策を放棄することなく、世界経済への参入を望んでいる。

アフリカの主要王国

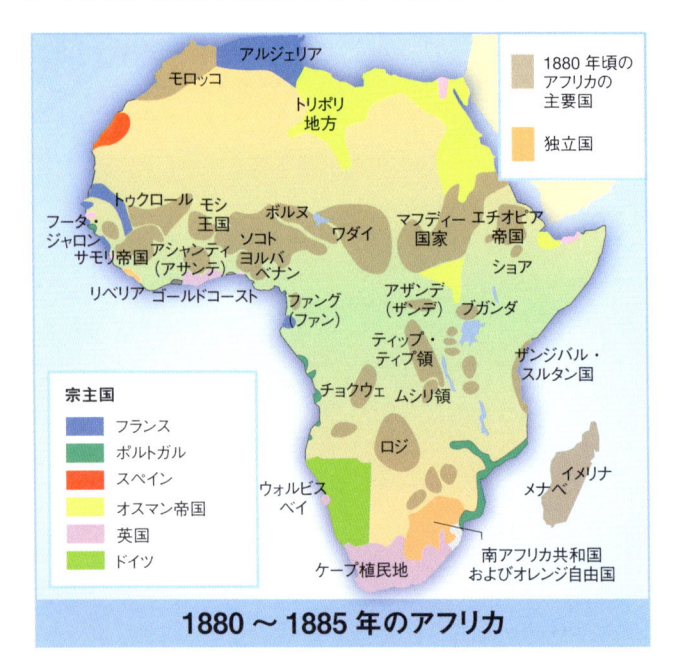

1880〜1885年のアフリカ

宗主国
- フランス
- ポルトガル
- スペイン
- オスマン帝国
- 英国
- ドイツ

凡例:
- 1880年頃のアフリカの主要国
- 独立国

黒人奴隷貿易（1450〜1910年）

三角貿易
- 捕獲された黒人の移送
- ヨーロッパ向け熱帯作物の輸送
- ヨーロッパ製品の輸送、さらに交易に必要な船舶や人員の輸送

- 捕獲された黒人の移送先
- イスラム商人による奴隷貿易
- サハラ砂漠以南のアフリカ内での奴隷貿易

1 - 穀物海岸（胡椒海岸）
2 - 象牙海岸（コート・ジボワール）
3 - 黄金海岸（ゴールドコースト）
4 - 奴隷海岸

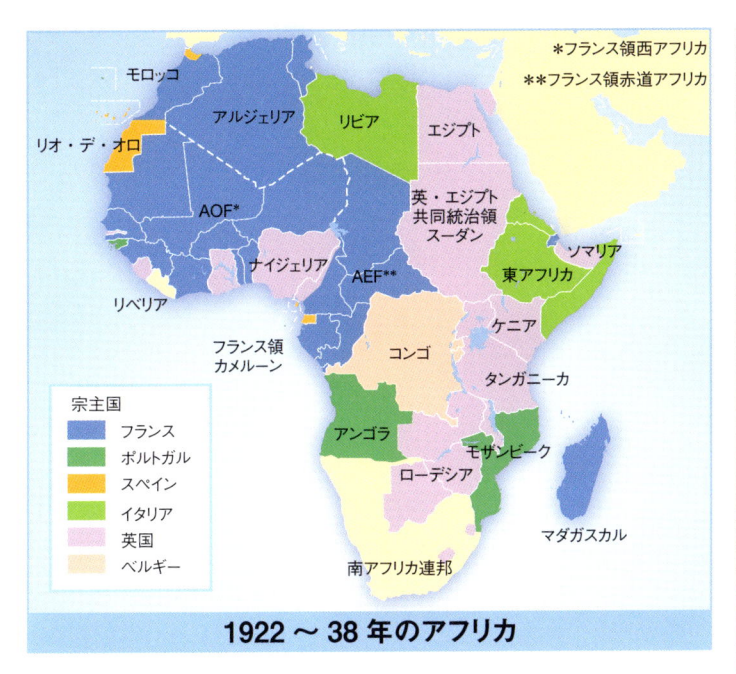

1922〜38年のアフリカ

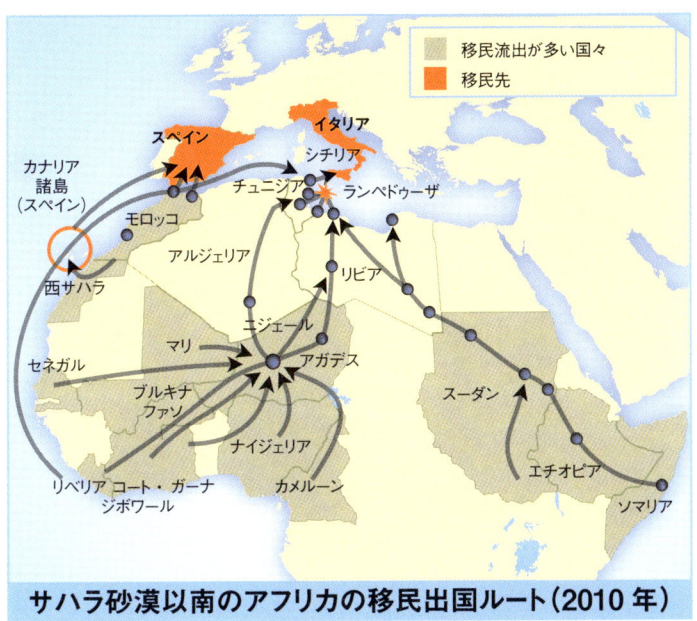

*フランス領西アフリカ
**フランス領赤道アフリカ

- モロッコ
- アルジェリア
- リオ・デ・オロ
- リビア
- エジプト
- AOF*
- ナイジェリア
- 英・エジプト共同統治領スーダン
- ソマリア
- 東アフリカ
- AEF**
- リベリア
- フランス領カメルーン
- ケニア
- コンゴ
- タンガニーカ
- アンゴラ
- モザンビーク
- ローデシア
- マダガスカル
- 南アフリカ連邦

宗主国
- フランス
- ポルトガル
- スペイン
- イタリア
- 英国
- ベルギー

サハラ砂漠以南のアフリカの移民出国ルート(2010年)

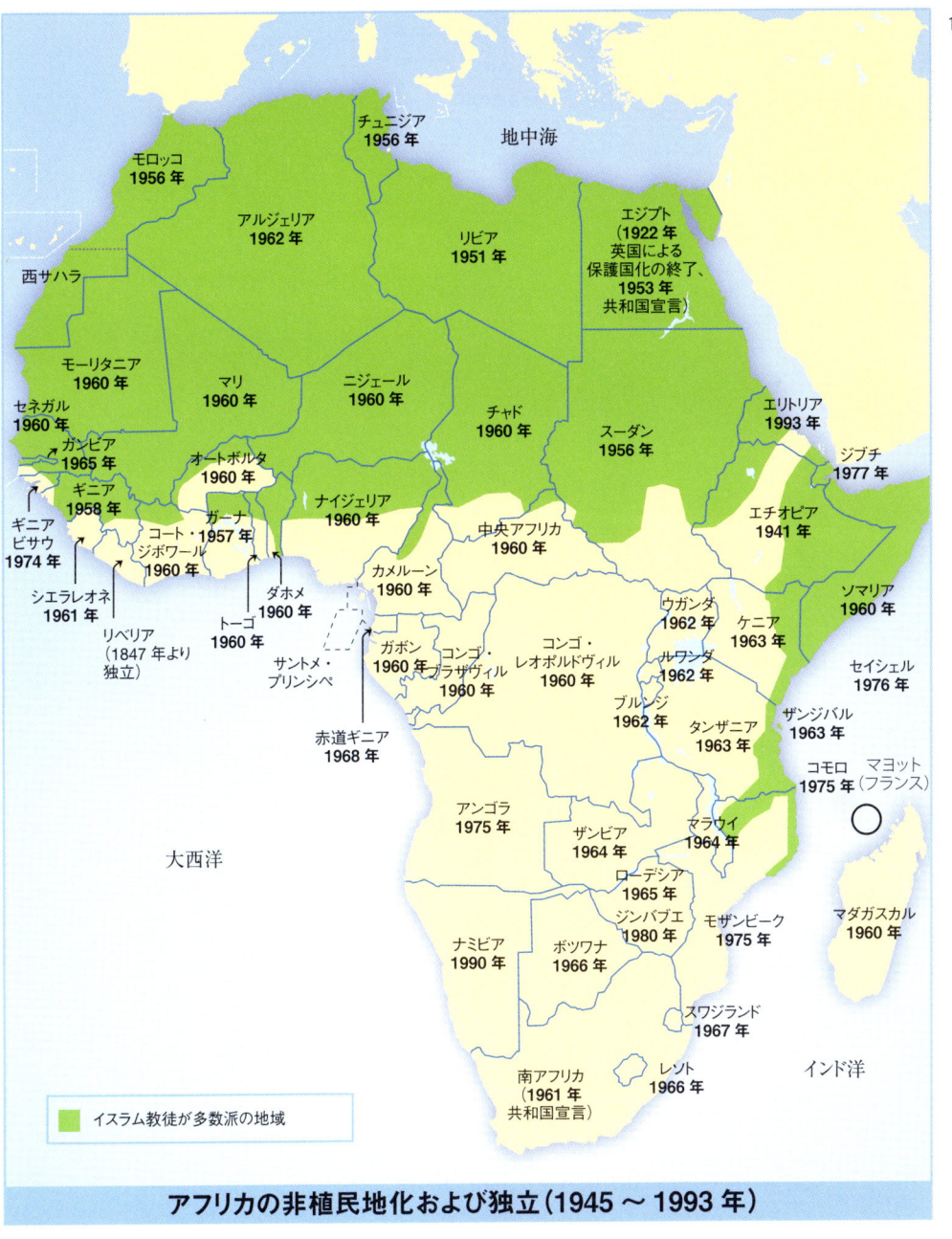

- 移民流出が多い国々
- 移民先

スペイン、イタリア、シチリア、カナリア諸島(スペイン)、西サハラ、モロッコ、アルジェリア、チュニジア、ランペドゥーザ、リビア、ニジェール、アガデス、セネガル、マリ、ブルキナファソ、スーダン、リベリア、コート・ジボワール、ガーナ、ナイジェリア、カメルーン、エチオピア、ソマリア

アフリカの非植民地化および独立(1945〜1993年)

- チュニジア 1956年
- モロッコ 1956年
- アルジェリア 1962年
- リビア 1951年
- エジプト(1922年英国による保護国化の終了、1953年共和国宣言)
- 西サハラ
- モーリタニア 1960年
- マリ 1960年
- ニジェール 1960年
- チャド 1960年
- スーダン 1956年
- エリトリア 1993年
- セネガル 1960年
- ガンビア 1965年
- ギニアビサウ 1974年
- ギニア 1958年
- シエラレオネ 1961年
- リベリア(1847年より独立)
- コート・ジボワール 1960年
- オートボルタ 1960年
- ガーナ 1957年
- トーゴ 1960年
- ダホメ 1960年
- ナイジェリア 1960年
- カメルーン 1960年
- 中央アフリカ 1960年
- ジブチ 1977年
- エチオピア 1941年
- サントメ・プリンシペ
- ガボン 1960年
- コンゴ・ブラザヴィル 1960年
- 赤道ギニア 1968年
- コンゴ・レオポルドヴィル 1960年
- ウガンダ 1962年
- ルワンダ 1962年
- ケニア 1963年
- ソマリア 1960年
- ブルンジ 1962年
- タンザニア 1963年
- セイシェル 1976年
- ザンジバル 1963年
- コモロ 1975年
- マヨット(フランス)
- アンゴラ 1975年
- ザンビア 1964年
- マラウイ 1964年
- ローデシア 1965年
- ジンバブエ 1980年
- モザンビーク 1975年
- マダガスカル 1960年
- ナミビア 1990年
- ボツワナ 1966年
- スワジランド 1967年
- レソト 1966年
- 南アフリカ(1961年共和国宣言)

イスラム教徒が多数派の地域

140

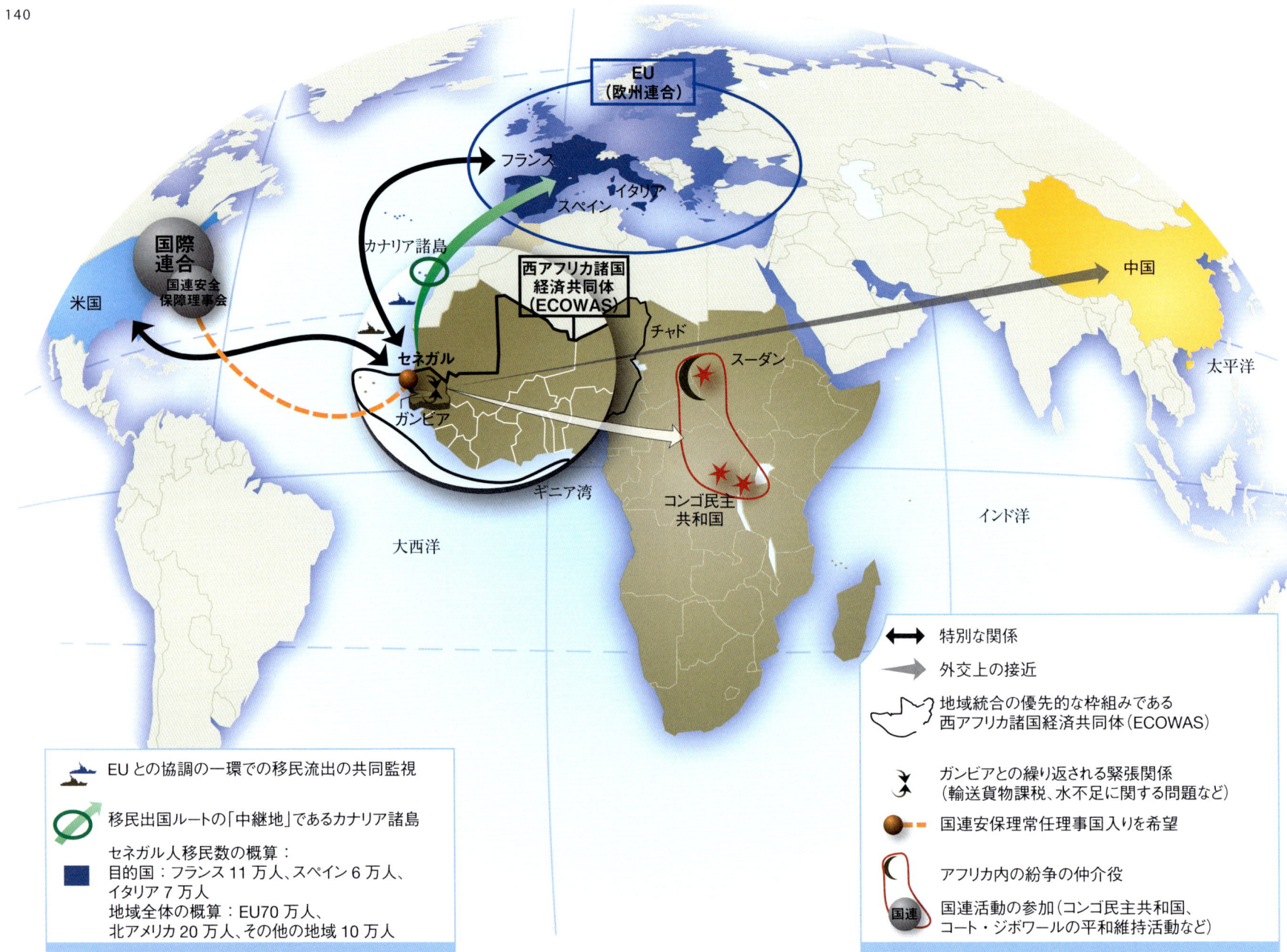

EU（欧州連合）

フランス
イタリア
スペイン

国際連合
国連安全保障理事会

米国

カナリア諸島

西アフリカ諸国経済共同体（ECOWAS）

チャド

セネガル

ガンビア

ギニア湾

スーダン

中国

太平洋

コンゴ民主共和国

大西洋

インド洋

凡例：

- ⬌ 特別な関係
- → 外交上の接近
- 地域統合の優先的な枠組みである西アフリカ諸国経済共同体（ECOWAS）
- ガンビアとの繰り返される緊張関係（輸送貨物課税、水不足に関する問題など）
- 国連安保理常任理事国入りを希望
- アフリカ内の紛争の仲介役
- 国連活動の参加（コンゴ民主共和国、コート・ジボワールの平和維持活動など）

- EUとの協調の一環での移民流出の共同監視
- 移民出国ルートの「中継地」であるカナリア諸島
- セネガル人移民数の概算：
  目的国：フランス11万人、スペイン6万人、イタリア7万人
  地域全体の概算：EU70万人、北アメリカ20万人、その他の地域10万人

セネガルから見た世界 Le monde vu par... Le Sénégal

1659年にフランスがサン・ルイに最初の商館を築いて以来19世紀まで、この国は奴隷と象牙、金の貿易で栄えていた。そうした戦略的拠点であるセネガルがフランス領西アフリカ（AOF）の権力の中心地として選ばれたのである。

1960年の独立後、セネガル共和国の制度と民主主義の安定は理想的であった。他の近隣諸国とは違い、サンゴール、ディウフ両大統領の政権下では、クーデターも軍事政権も独裁政権も経験することはなかった。そして2000年の社会党の失脚という政権交代によって、セネガルの民主主義の安定は確かなものになった。

人口の95％をイスラム教徒が占めており、共同体間あるいは民族間に緊張も内戦もない。わずかにカザマンス地方の紛争（この地方の分離独立を求める勢力と政府との戦い）があったが、この紛争は常に小康状態を維持し、2004年に終結を迎えた。カザマンス地方は豊かで水に恵まれており、セネガルの多数派を占めるウォロフ族ではなくジョラ族が主に住んでいる。

セネガルがアフリカ諸国の中でも、また国連やフランコフォニー国際機関（OIF）においてもある種の役割を果たせるのは、国のイメージがよいためである。そしてOIFの事務局長はディウフ前大統領が務めている。

2003年、ワッド大統領は、南アフリカのムベキ大統領と、アフリカ開発のための新パートナーシップ（NEPAD）に着手した。これは、アフリカ人によって練り上げられた初めての計画である。国連安全保障理事会で今後拡大が見込まれている常任理事国のアフリカ枠に対しても、セネガルは候補国となっている。フランスとの親密な関係を保ちつつ、米国や中国とも関係を発展させている。約300万人と見積もられている他国への移住者は、非常に活動的で、経済の重要な役割を果たしている。

社会的に穏やかで平和を好む民主主義国家セネガルは、実際の影響力以上に、国際的な役割を果たせる存在だと認められているのである。

> かつての植民地がブラック・アフリカの手本を自任する。

142

国際機関：
- 確立しつつある G20 体制
- 改革すべき国連安全保障理事会

・・・ 国連安保理常任理事国入りを希望

⇠⇢ 戦略的連携：インド・ブラジル・南アフリカ共和国対話フォーラム（IBSA）（南南協力）

南アフリカおよびアフリカ全体にとっての焦点

▢ アフリカ開発のための新パートナーシップ（NEPAD）の主導国

← 危機解決における仲介役あるいは平和維持の役割

← アフリカ連合（AU）設立における決定的な役割

国連安全保障理事会　G20　インド　太平洋　アルジェリア　エジプト　セネガル　スーダン　コート・ジボワール　ナイジェリア　ブラジル　大西洋　コンゴ民主共和国　ブルンジ　コモロ　インド洋　アフリカ連合（AU）　南アフリカ　南極海

南アフリカから見た世界 Le monde vu par... L'Afrique du sud

1948年から1991年まで、南アフリカは「アパルトヘイト」と呼ばれる体制に置かれていた。それは人種隔離政策であり、多数派である黒人はいかなる権利も認められず、少数派の白人に支配され、黒人と白人の交流は禁止されていた。

1960年代のアフリカ諸国の独立や米国での人種隔離撤廃によって、南アフリカは、史上まれに見る異常な国だとみなされるようになる。

南アフリカは国際社会から疎外され、「のけ者」の国になった。1961年にイギリス連邦から脱退し、1977年以降、国連によって南アフリカへの輸出禁止措置がとられた。それでも米国からは反共産主義という点で仲間だとみなされていた。

やがて米国も制裁を強化するようになり、国際世論による批判、特に米国の黒人からの批判が高まり、しかも冷戦が終結したために、南アフリカは「アパルトヘイト」を維持する限り将来の見通しがまったく立たないという窮地に追い込まれたのである。

デ・クラーク大統領はじめ少数の白人がその状況を認識し、アフリカ民族会議（ANC）との交渉による解決を試みた。この組織は、当時収監中のネルソン・マンデラが法に反して運営していたものである。

こうして1991年6月、アパルトヘイトの廃止が実現した。人種隔離政策を交渉によって平和的に廃止したこと、そして復讐よりも和解を望んだネルソン・マンデラが実権を握り1994年に大統領に選出されたことによって、南アフリカは道徳的な国だという強い印象を世界に与えることができた。ネルソン・マンデラは世界で最も尊敬されている政治家といえるだろう。

ただ、アパルトヘイトは撤廃されたとはいえ、社会的不平等は根強く残ったままだ。

南アフリカはようやく自国の強みである豊富な鉱物資源と工業の基盤を活用することができるようになった。アパルトヘイト撤廃後も社会的格差は残っているとはいえ、南アフリカの経済はサハラ砂漠以南のアフリカ諸国の国民総生産（GNP）の50％に匹敵し、この地域のインターネット利用者の90％は南アフリカ人である。

そしてナイジェリアとともに、国連安全保障理事会の常任理事国入りの候補国でもある。南アフリカはアフリカ地域のリーダー、世界の新興勢力であると自負している。アフリカで平和維持に貢献するさまざまな活動や仲裁を行ってもいる。

たとえ安定のためにどうしても必要であるとしても、アフリカに外部の列強が軍事介入することを南アフリカは望んでいない。

また、南アフリカはアフリカ大陸にとっての民主主義の手本、そして経済面での推進力になろうとしている。さらに多国間主義、民族自決権、南側諸国の経済・軍事的な主張を擁護し、南側諸国で一目置かれることを望んでいる。

南アフリカは、「アパルトヘイト」撤廃に続く使命を自ら見つけなければならないのである。

豊かな民主主義国の南アフリカは、南側諸国にとっての手本、地域勢力になることを望んでいる。

最新　世界情勢地図

発行日	2011年4月15日　第1刷
	2011年5月10日　第2刷

Author	パスカル・ボニファス　ユベール・ヴェドリーヌ
Illustrator	ジャン＝ピエール・マニエ
Translator	松永りえ　加賀通恵（協力　株式会社リベル）
Book Designer	遠藤陽一（DESIGN WORKSHOP JIN,Inc.）
Publication	株式会社ディスカヴァー・トゥエンティワン
	〒 102-0074　東京都千代田区九段南 2-1-30
	TEL　03-3237-8321（代表）
	FAX　03-3237-8323
	http://www.d21.co.jp
Publisher	干場弓子
Editor	藤田浩芳

Marketing Group

Staff　小田孝文　中澤泰宏　片平美恵子　井筒 浩　千葉潤子　飯田智樹　佐藤昌幸
　　　鈴木隆弘　山中麻吏　西川なつか　猪狩七恵　山口菜摘美　古矢 薫　日下部由佳
　　　鈴木万里絵　伊藤利文　米山健一　天野俊吉　徳瑠里香　原大士
　　　井上慎平　芳賀愛　堀部直人　山﨑あゆみ
Assistant Staff　俵敬子　町田加奈子　丸山香織　小林里美　井澤徳子　古後利佳　藤井多穂子
　　　片瀬真由美　藤井かおり　福岡理恵　葛目美枝子

Operation Group

Staff　吉澤道子　小嶋正美　松永智彦
Assistant Staff　竹内恵子　熊谷芳美　清水有基栄　小松里絵　川井栄子　伊藤由美

Productive Group

Staff　千葉正幸　原 典宏　林 秀樹　粕谷大介　石塚理恵子　三谷祐一　石橋和佳
　　　大山聡子　田中亜紀　大竹朝子　堂山優子　酒泉ふみ

Digital Communication Group

Staff　小関勝則　谷口奈緒美　中村郁子　松原史与志

Proofreader	中村孝志／文字工房燦光
DTP	アーティザンカンパニー
Printing	大日本印刷株式会社

- 定価はカバーに表示してあります。本書の無断転載・複写は、著作権法上での例外を除き禁じられています。
  インターネット、モバイル等の電子メディアにおける無断転載等もこれに準じます。
- 乱丁・落丁本は小社「不良品交換係」までお送りください。送料小社負担にてお取り換えいたします。

ISBN978-4-7993-1008-3
ⓒ Discover21,2011, Printed in Japan.